多维视角中西文化与翻译对比研究

张 丹 著

北京工业大学出版社

图书在版编目（CIP）数据

多维视角中西文化与翻译对比研究/张丹著．—北京：北京工业大学出版社，2025.7重印
ISBN 978-7-5639-6233-4

Ⅰ．①多… Ⅱ．①张… Ⅲ．①英语－翻译－研究
Ⅳ．① H315.9

中国版本图书馆 CIP 数据核字（2018）第125113号

多维视角中西文化与翻译对比研究

| 著　　者：张　丹 |
| 责任编辑：张　娇 |
| 封面设计：点墨轩阁 |
| 出版发行：北京工业大学出版社 |
| 　　　　　（北京市朝阳区平乐园100号　邮编：100124） |
| 　　　　　010-67391722（传真）　　bgdcbs@sina.com |
| 经销单位：全国各地新华书店 |
| 承印单位：三河市元兴印务有限公司 |
| 开　　本：787毫米×1092毫米　1/16 |
| 印　　张：10.75 |
| 字　　数：220千字 |
| 版　　次：2021年10月第1版 |
| 印　　次：2025年7月第4次印刷 |
| 标准书号：ISBN 978-7-5639-6233-4 |
| 定　　价：35.00元 |

版权所有　翻印必究

（如发现印装质量问题，请寄本社发行部调换 010-67391106）

前言

　　翻译不仅是两种语言间信息的转换，更是两种文化的碰撞和交流，因此文化差异不仅构成了翻译的最大障碍而且也成了翻译界关注的一个主要话题。从文化视角关注翻译，有宏观和微观两个层面的问题等待我们去解决。从宏观上看，我们必须弄清文化因素是怎样从外部制约和影响翻译活动的；从微观上讲，我们必须探索具体文化现象的翻译，寻找文化交流的具体途径和方法。如果具备了从文化的宏观视角认识翻译的基本理论素养，也掌握了翻译过程中处理文化现象的基本方法和技巧，我们就能在过硬的双语功底的基础上比较顺利地克服翻译中文化差异所引发的许多困难，高质量地完成信息转换和文化交流的任务。

　　过去人们在翻译教学中往往注重词、句和篇章译法的学习，而对翻译中文化内涵的处理显得不够重视；甚至有人认为，翻译就是词对词、句对句、篇章对篇章的文字转换，没有文化翻译这种提法。其实，文化翻译也不是什么标新立异或怪异的提法，只是该提法的侧重点有所不同而已，就像科技翻译是以对科学技术概念、科学技术方法等的翻译为侧重点一样，文化翻译当然就是以翻译过程中中西方语言中所涉及的各自的特殊文化现象为侧重点。据我们所知，持有这种看法的人并不在少数，其原因就是许多年来受某一本翻译教材或某一传统翻译思想的影响；加上在翻译教学中对教师在传播文化意识上的地位没有做出实事求是的界定，对翻译教学的质量没有提出较高的要求，翻译教学的目的也欠明确，结果就忽略了教学中对学习者文化意识与素质的培养。现在我们所见到的各种翻译教科书和著作，要么就技巧论技巧，没有提供指导读者何时、何地、使用何种技巧解决翻译难题的原则，要么中西翻译理论一大堆，使一般的翻译爱好者被繁杂的术语所困，读后如坠云雾之中，对翻译实践没有太大的实际指导意义。其实我们一直在讲理论联系实际，但涉及翻译的众多书籍却"天上人间"区别分明，翻译理论与翻译实践"两张皮"的问题亟待解决。

　　从多维视角对比中西文化，避免中西语言翻译中的误译，首先应提高认识，努力培养学习者的文化意识，包括对文化的多元性意识、对差异的宽容态度、对异文化成员的理解能力、对自身文化价值观念及行为方式的觉察和反省，等等。这种文化意识能帮助学习者主动地获取并深层次地理解文化背景，使其在跨文化交际行为方面具有更多的灵活性和创造性，这样做符合旨在提高学生内在素质的21世纪教育目标。其次，广泛地开展培养学习者文化意识与跨文化交际素质的研究，应将重点放在中西语言文化的对比研究上。翻译实际上就是一种译者依靠自己所获得的跨文化交际知识与能力向后来者传播这些知识和能力的过程，在此过程中要体谅文化特色与差异，如包含民族的历史渊源、历史事件、历史故事、神话、传说、谚语等的文化背景、生活方式、思维模式、价值取向和生命哲学以及包含这些内容的各自的习惯表达法等。这些习惯表达法在不同文化背景下有不同的语言习惯，而不同的语言习惯反映了不同的文化特征。语言差异本质上是文化的差异，正是这种差异使不同文化之间的语言交际出现困难。这些交际困难多半不是由于对外来语的词汇意义不理解，而是由于不理解这些词汇背后所包含的社会文化内涵所造成的。交际中最严重的错误，往往出自错误的文化假想。

本书全面、系统地介绍了多维视角下的中西文化及翻译相关的问题，共七章。第一章对文化和翻译的概念进行了概述，第二章分析了翻译中的文化传译，第三章到第五章为本书的主要内容，分别将中西方的语言文化、人文文化以及生态文化与翻译进行了对比研究，第六章阐述了中西方文化差异对翻译的影响与制约，第七章为结语。本书以文化为视角来研究中西语言与翻译问题，内容充实，理论与实践相结合，深入浅出地揭示了中西语言的文化内涵以及翻译方法，希望可以为翻译学习者、翻译工作者以及对翻译感兴趣的人士提供一定的启示或参考，提高其文化素养。

著者在撰写本书的过程中参阅了大量文献资料，在此向各位专家学者表示感谢！由于写作时间仓促加之著者学识与能力有限，书中难免有不当和疏漏之处，恳请广大读者批评指正。

著者
2018年3月

目录

第一章 概论 ………………………………………………………… 1
第一节 文化的概念及其特征 ………………………………………… 1
第二节 翻译的概念 …………………………………………………… 5
第三节 翻译的标准与方法 …………………………………………… 8
第四节 影响翻译的主要因素 ………………………………………… 13

第二章 翻译中的文化传译 ………………………………………… 16
第一节 英语谚语汉译中的文化传译 ………………………………… 16
第二节 英语歌词汉译中的文化传译 ………………………………… 23
第三节 汉语诗歌英译中的文化传译 ………………………………… 29
第四节 汉语古代笑话英译中的文化传译 …………………………… 35

第三章 中西语言文化与翻译对比 ………………………………… 48
第一节 中西语言对比 ………………………………………………… 48
第二节 中西思维对比 ………………………………………………… 50
第三节 中西词汇、句式文化与翻译对比 …………………………… 57
第四节 高低语境文化中的差异对比 ………………………………… 82

第四章 中西人文文化与翻译对比 ………………………………… 85
第一节 中西习俗文化与翻译对比 …………………………………… 85
第二节 中西饮食文化与翻译对比 …………………………………… 92
第三节 中西服饰文化与翻译对比 …………………………………… 107
第四节 中西居住文化与翻译对比 …………………………………… 113

第五章 中西生态文化与翻译对比 ································· 118
　第一节　中西动物文化与翻译对比 ································ 118
　第二节　中西植物文化与翻译对比 ································ 131
　第三节　中西地理文化与翻译对比 ································ 139

第六章 中西文化差异对翻译的影响与制约 ···················· 141
　第一节　中西文化差异对生活翻译的影响 ························ 141
　第二节　中西文化差异对翻译的制约 ···························· 150

第七章 结 语 ·· 155

参考文献 ·· 159

第一章 概 论

近年来，随着翻译研究的不断深入，翻译的文化属性渐渐得到许多翻译理论家和翻译工作者的认同。翻译中，文化因素的处理成为十分重要的任务，各国各民族间客观存在的文化差异成为翻译的主要障碍。本章将对文化和翻译的概念进行概述，总结其特征，并分析影响翻译的主要因素。

第一节 文化的概念及其特征

一、文化的概念

关于文化的概念众说纷纭，各国学者分别从符号学、价值论、功能性、规范性等方面对文化做了不同的界定。1982年，世界文化大会在《总报告》和《宣言》中说："文化是体现出一个社会或一个社会群体特点的那些精神的、物质的、理智的和感情的特征的完整复合体。文化不仅包括艺术和文学，而且包括生活方式、基本人权、价值体系、传统和信仰。""文化赋予我们自我反思的能力，文化赋予我们判断力和道义感，从而使我们成为有特别人性的理性的生物。我们正是通过文化辨别各种价值并做出选择。人正是通过文化表现自己、认识自己、承认自己的不完善、怀疑自己的成就、不倦地追求新的意义并创造出成果，由此超越自身的局限性。""文化可以被理解为每一个人和每一个共同体独一无二的特征。以及思考和组织生活的方式。文化是每一个社会成员虽然没有专门学习但都知晓的知识领域和价值观念。文化的含义十分广泛，人类社会所创造的一切成果和人类生活的各个方面，都可以纳入文化的范畴。"这一定义得到了大多数人的认可。

还有一种通俗说法，荷兰著名的跨文化管理学者霍夫斯泰德（Geert Hofstede）为了更好地让人们了解文化，把文化比喻成一个洋葱头，有很多层。最外表的一层称为象征物，如服装、语言、建筑物等，即人的肉眼能看见的。第二层是英雄人物性格，在一种文化里，人们所崇拜的英雄性格也就多多少少地代表了此文化里大多数人的性格。因此，了解英雄的性格，很大程度上也就了解了英雄所在地的民族性格。第三层是礼仪，礼仪是每种文化里对人和自然独特的表示方式，比如在中国文化里，重要场合吃饭时的位置安排；日本人的鞠躬和进门脱鞋等。最里面的一层是价值观，指的是什么是好、什么是坏、什么是美、什么是丑，这些标准因文化的差异而迥然不同。价值观是文化中最深邃，最难理解的部分，是文化的基石。不同文化对世界和自然有着不同的理解和看法，有不同的价值观，这些会影响人的思维方式和行为规范。这种说法由于强调了人的作用，使原本很难解释的文化现象变得容易了。

我们经常可以接触到这样的企业，它们有完整的企业文化手册、规范的文化制度和形象识别系统，却无法让文化在企业行为上产生有效的反映，因而时常有人抱怨企业文化中看不中用。而要使企业文化起作用，关键的一点是能将价值观持续地人化，使文化深入到企业的每一个细胞（员工）和组织（流程），使其成为一个有机的整体。好的价值观俯拾即是，但并不是将这些价值观搬到企业供奉起来就会繁殖出力量来，就会有用，价值观仅仅是文化的一个部分，如果缺少价值观持续地人化，那不是文化出了问题，而是人出了问题。没有无用的文化，只有不会使用文化的人与组织。所以，根据职业院校培养目标需求，以及商务行业的内在规律，我们着重研究文化的价值层面，即文化是通过什么方式、什么形式体现（表现）出来的，以及这一层面的发生、现状和发展趋势。

二、文化的特征

（一）文化的一般特征

综合各派学者对文化的定义，总结出文化的一般特征如下：

（1）文化是在人类社会共同生活过程中衍生出来或创造出来的，凡人类有意无意地创造出来的东西都是文化。自然存在物及其运动不是文化，如山川河流、日月星辰本身都不是文化，但人类据此而创造出来的历法、文学、艺术以及其他物品却是文化。人可以点头和摇头，这种生理机能本身不是文化，但赋予点头和摇头以一定的含义，使其成为一种沟通符号，这时点头和摇头就成为文化。

（2）文化不是天生的，而是后天学来的。人的观念、知识、技能、习惯、情操等都是后天学来的，是社会化的产物。文化都是通过学习得到的，不需要学习的先天遗传的本能不是文化。例如人分男女，这本身不是文化，而如何做男人和女人，如何扮演好性别角色，这需要后天学习才能知道，所以做男人和做女人的规矩、模式就是文化。

（3）文化是一个群体或社会全体成员共同享有的，个别人的特殊习惯和行为模式，且不被社会承认的，不能成为这个社会的文化。一个社会的人在共同生活中创造出来的并共同遵守和使用的才成为这个社会的文化，如语言、风俗习惯、规范、制度、社会价值观念等。

（4）文化是一份社会遗产，是一个连续不断的动态过程。任何社会的文化，都是同这个社会一样长久的，是长期积累而成的，并且还在不断地积累下去，这是一个无尽无休的过程。这个过程的任何一个阶段、任何一个时期的文化都是从前一个阶段或时期继承下来并增加了新的内容。继承的并不是以往文化的全部，而是继承一部分，舍弃一部分，再增加一部分，就成为一定时期的文化。因此文化是一个不断继承和更新的过程，不能用孤立和静止的观点去看待文化。因循守旧、故步自封是不对的，完全否定传统文化也是不对的，并且是不可能的。

(5) 文化具有多样性与共同性。文化都是具体的、特殊的，因此无论从纵向历史角度看，还是从横向空间角度看，世界各个时期、各个地域和各个民族的文化都是不同的而且差异很大。人类学家和社会学家记载的大量世界各地的特殊文化，充分说明了文化的多样性。

（二）文化的本质特征

（1）文化是一个整体，是包括价值观、行为制度、具体物象的整体。文化可以渗透到社会肌体中的所有器官、所有细胞之中，然而，我们能观察到的只是这些器官和细胞，却无法看到文化的身影，更不能将其抽出作为一种实体。文化的内涵是通过其具体物象体现出来的。

（2）文化是一个有机的整体，它通过自身的新陈代谢在不断地演进着。文化七巧板不是各自孤立存在的，调整其中任何一块，其他六块都要发生变化，要素与要素之间按照某种特定的方式组合在一起，形成一个可以自转的运作系统。这个系统在运转过程中不断地吐故纳新，有些原有的文化现象消失了，新的文化现象又出现了。这种演变使文化得以发展。

以美国人类学家弗朗兹·博厄斯（Franz Boas）及本尼迪克特（Ruth Benedict）为代表的"历史地理学派"做了精深的研究，他们认为各民族的文化并非遵循同一路线进化，处于不同地理环境的各个文化都有独特的演进过程，同时又受到外部文化传播的影响。文化是由各个文化特质共同构成的整合体，任何一个单项的文化物质，都是一套特殊的行为模式。这些文化物质，基本上都经历过历史、地理因素的塑造，是特定的人群在特定的时间、地点，经历特定的历程形成的。从这个意义上说，文化不仅是不可复制的，也是不可以"打造"的。打造的本意是制造。优良的工业产品和商品，通过努力是可以打造出来的，文化却不能。温文尔雅的吴越文化、美国人阳刚十足的牛仔文化、巴黎和维也纳的城市文化、苗族女子灿烂的服饰文化都不是打造出来的，而是时间和心灵酿造出来的，是一代代人共同的精神创造的成果，是自然积淀而成的。物质的东西可以打造，精神文化是不能用"打造"这个词的，因为一切文化都是个性化的有机的整体。

因此，我们说文化的形成，而不说产生。世界上没有哪两个国家、哪两个民族的文化是一模一样的，就如同世界上没有哪两个人的指纹是一模一样的。文化本来没有好坏之分，只有先进与落后之别。文化是博大精深的，将文化的结构、功能理解为一个整体，这个整体具有共时态与历时态相统一的特点。从共时态来看，一定的文化系统内部结构在性质上是相对稳定的，其整体功能及其整体结构要素也是大体被规定了的，与此同时，不同特质和不同发展水平的文化系统，在相同的历史发展阶段上是相互影响、相互渗透的。从历时态来看，任何特定阶段的文化整体又是前代文化的积淀，具有遗传性、稳定性，从而也保持了民族性和连续性；另外，文化整体也在随着历史的变迁、外来文化的融入，而不断地发生递变和重建，因而又具有变异性、革命性。但因文化整体中的不同成分和要素，其遗传和变异又是很不均衡的，某些部分传统的力量强大，因此相对稳定，变迁缓慢；某些部分遗传制约比较松弛，因而变异比较迅速。文化有很强的历史传承性。文化既具民族性又具世界性；既具稳定性又具可变性。从文化层面来看，物态文化层变异迅速；其次是制度文化层；而行为外显文化层变异缓慢；心态内隐文化层作为一种"潜意识"或"集体无意识"，则具有顽强的稳定性和延续力，其往往透射出一个民族的精神特质。总之，我们只有将文化看成一个动态的、有机的、开放的整体，并且注重文化与环境的结构关系，才能把握住文化的生成机制、内在特质及发展趋势。

三、文化的作用

文化能够帮助我们正确地认识世界。人类学家威廉·哈维兰（William Haviland）说过："People maintain cultures to deal with problems or matters that concern them."意即，人们维系、传承文化旨在应对、解决与文化相关的难题或问题。当今世界，人们普遍拥有这样的共识：文化之所以问世、进化和发展是因为文化可以为人类、为每一个在这个世界诞生的人展示一个可以预知的世界，使人们清楚地认知和了解身处其间的周边环境，包括自然地理环境、社会经济环境，尤其是人文环境，从而可以在这样的环境里通过以恰当的方式与他人、与社会、与自然交往，从而更加平顺地生存下去。

文化可以教会我们恰当地为人处世。从我们每个人出生的那一刻起，文化就为我们提供了现成的行为模式，教导我们应如何以同一社会的全体成员可以接受的方式，即按照特定文化的行为准则进行活动。在所属文化的熏陶之下，我们会在自身的成长过程中逐步形成和践行本文化或本民族的思维模式、世界观、价值观、社会习俗、生活方式、行为准则、道德规范以及交往方式，从而使我们在特定的社会和文化中如鱼得水、应付自如。文化能教会我们每一个人最充分地利用人类历经数百万年的进化而积累起来的智慧，使我们能够与他人、与社会、与自然明智而和谐地相处，面对复杂而艰险的生存环境能够从容应对、处事不惊，从而使人类社会以及人类自身健康、顺利地向前发展。

文化发展到今天已经成为人类的基本生活需求。文化的发展迅猛而广泛，以至于其触角已经延伸到人类生活的每一个角落，成了我们生活的必需品。文化已经成为满足人们三种需求的主要手段：基本需求（包括食物、住所、人身保护等），派生需求（包括工作或生产组织、食品分配、防卫、社会监控等）和综合需求（包括心理上的安全感、社会和谐、生活目标等）。不同文化满足这些需求的方式方法会因文化的差异而不同，但人们求助于所属文化的理由却异曲同工，即帮助他们在情感方面和生理方面继续正常而健康地存活下去。

四、文化的发展

（一）文化系统的自我更新

所谓自我更新，是指文化系统在其基本稳定的基础上，通过增值或损益，以及文化系统表层结构的变化，使文化得到发展，这是文化发展的基本方式。在自我更新的文化系统内部，始终存在着文化的继承和创新的矛盾，如何对待文化传统问题，常常是决定文化系统能否顺利发展的关键。

（二）文化的变迁

所谓文化变迁，指的是文化的跳跃性发展，或文化的突发性变化。文化变迁一般表现为文化发展的突然中断或文化停滞。文化停滞的原因可能是人与自然之间的关系处在简单的平衡状态，使文化发展失去了驱动力；也可能是由于文化系统的自我封闭性，使文化系统无法实现交流；或者是由于文化系统之间的不平等对话，处于强势的外来文化利用各种优势压制本土文化的发展，使本土文化发展趋于停滞。

第二节 翻译的概念

翻译是不同民族沟通的桥梁，其历史与语言的历史一样悠久，但有文字记载的翻译活动则相对短一些。我国有文字记载的翻译始于周朝的《越人歌》，距今大约两千年。西方有文字记载的最早的翻译是《圣经·旧约》的希腊文本，即《七十子希腊文本》，是由公元前三世纪七十二位犹太学者在埃及亚历山大城翻译的。翻译活动虽然自古有之，但在过去的两千多年里，人们对翻译的认识仅仅停留在表面，只有到第二次世界大战以后随着国际交往的急剧增加，随着现代语言学的蓬勃发展，尤其是将语言学视角引入翻译研究后，人们对翻译的认识才随之深化，翻译理论才日渐系统、成熟。

一、什么是翻译

对于什么是翻译，不同时期的理论家可能会有不同的定义，就是我们普通人由于对翻译了解的不同也会给出不同的解释。这些不同的定义或解释并非人们的文字游戏，而是深刻反映了不同时期或不同的人对翻译实质不同程度的认识和理解。

让我们先从大家熟知也最常引用的翻译定义谈起。商务印书馆出版的《现代汉语词典》对"翻译"词条的解释是："把一种语言文字的意义用另一种语言文字表达出来（也指方言与民族共同语、方言与方言、古代语与现代语之间一种用另一种表达）。"这个定义只涉及意义和两种不同的语言，没有涉及其他因素，显然是将翻译这个复杂的人类活动简单化了。

与上述定义相比，著名的美国翻译理论家及圣经翻译家尤金·奈达（Eugene A. Nida）对翻译所下的定义则体现了他的语言学范式的翻译研究视角。

One way of defining a DE translation is to describe it as "the closest natural equivalent to the source-language message. This type of definition contains three essential terms : equivalent, which points toward the source-language ; natural, which points toward the receptor language ; and closest,which binds the two orientations together on the basis of the highest degree of approximation".

奈达定义中的 DE translation 指 dynamic-equivalence translation，即"动态对等翻译"。正如奈达在翻译定义中所强调的那样，翻译首先要做到对源语信息的对等，其次是译文语言自然流畅，最后是信息和语言风格上达到最大程度的接近。

与第一个定义相比，奈达的定义除包含源语、目的语和信息三个因素外，还对译文的自然程度和译文的风格提出要求。这些要求既考虑到译文读者的接受程度，也考虑到译文的审美取向。虽然奈达的定义比第一个定义更进了一步，但并非十全十美，因为这个定义关注的只是翻译的客体（源语文本和目标语文本），而没有顾及影响译者决策的诸多非语言因素，如翻译所涉及的两种文化、翻译的目的、意识形态等。

许钧在《翻译论》一书中认为：翻译是以符号转换为手段，意义再生为任务的一项跨文化的交际活动。显然，许钧不是立足于语言学，而是以符号学、文化学这些更"形而上"的学科为基础来揭示翻译的本质。

上述三个定义虽然一个比一个深刻全面，但它们都在不同层面、从不同角度揭示了翻译的实质，为不同层次、不同类型的翻译实践提供了最基本的原则。对于大学生，无论是英语专业还是非英语专业，达到奈达提出的"对等""自然"和"切近"虽然不易，但也算是基本完成了翻译的任务。然而遇到成语、谚语等文化负载大的语言现象时，语言上的"对等"不仅很难求得，即便勉强做到语言上的"对等"，译文的意义却早已相去十万八千里了，因为翻译所赖以进行的语言积淀着该语言厚重的民族文化，抽去语言的文化内核，语言就变成了徒有符号的木乃伊了。

对翻译定义的比较分析使我们对翻译的本质有了一定的了解，但为了认清翻译"这棵树"，有必要环顾一下整片林子，从更大的范围看一看它的"庐山真面目"。

二、语内翻译、语际翻译和符际翻译

前面所谈论的翻译是狭义的翻译，也就是平时所说的翻译。俄国著名语言学家罗曼·雅各布森（Roman Jakobson）从符号学的观点出发，把翻译分为三类：语内翻译、语际翻译和符际翻译。很显然，雅各布森所谓的翻译是广义的翻译，双语之间的转换只是其中的一种而已。雅各布森的翻译三分法使人们加深了对翻译本质的认识。

（一）语内翻译

语内翻译是同一语言内部的翻译。方言与民族共同语、方言与方言、古代语与现代语之间的转换就是语内翻译。英语学习中解释疑难句子常常用到的paraphrase其实也是一种语内翻译。

例1：余闻而愈悲。孔子曰："苛政猛于虎也。"吾尝疑乎是，今以蒋氏观之，犹信。（柳宗元《捕蛇者说》）

我听了（这些话）更加感到悲伤。孔子说："苛酷的统治比猛虎还要凶啊！"我曾经怀疑这句话，现在从姓蒋的遭遇看来，这是可信的。

例2：Radiating from the earth, heat causes air currents to rise.

Heat causes air currents to rise when it is radiating from the earth.

（二）语际翻译

语际翻译是两种语言间的翻译，如英译汉、汉译英等。这也是人们通常所说的翻译，即狭义的翻译。

例3：Her criticisms were enough to make anyone see red.

她那些批评任谁都得火冒三丈。

（三）符际翻译

符际翻译是语言与非语言符号或非语言符号间的翻译，如语言与手势语间的翻译、英语与计算机代码间的翻译、手势语与旗语间的翻译等。

例4：S=vt，即：路程等于速度乘以时间。

三、翻译过程

过去人们将翻译过程粗略地划分为理解和表达两个阶段。这种分法不仅过于简单，无法揭示翻译的复杂过程，而且从理解到表达缺乏必要的过渡阶段，使得对翻译过程的描述缺乏合理的基础。后来有人从符号学的角度将翻译过程描述如下：

信息输入→ 黑箱 →信息输出

这样的过程描述虽然增加了一个"黑箱"阶段，但"黑箱"毕竟是"黑箱"，没有谁知道其中到底发生了什么，因此对翻译过程的描述并没有实质性的突破。倒是奈达对翻译过程的描述，对人们理解翻译过程有不小的帮助。

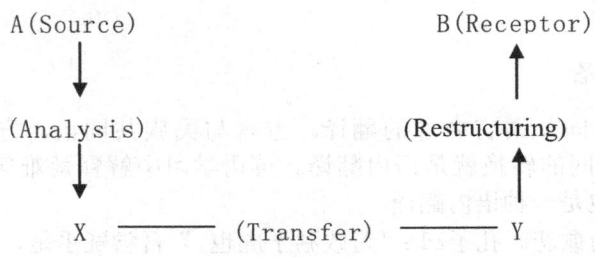

图1 奈达翻译过程

在图1中，A表示源语文本（source-language text），它是原文的表层结构。由于两种语言在词汇、语法等方面的差异，源语的表层结构无法被直接转化为目的语的表层结构。而且在大多数情况下，语言的表层结构即语言中有形的东西是为语言所要表达的意义这个无形的东西服务的，因此源语表层结构也就不是译者关注的重点。可见着眼于表层结构的转换在大多数情况下不仅没有可能而且也没有必要，除非语言表层结构所表示的意义相当重要。译者经过对源语表层结构即源语文本的分析进入到语言的深层结构并得到信息X，然后将这一信息从源语转移到目的语得到Y。译者得到信息Y后根据目的语自身的规律将其塑形为目的语文本B（target-language text，注：过去将目的语称之为接受语即receptor-language）。至此，译者在原文与译文之间架起了桥梁，完成了翻译任务。奈达所描述的翻译过程没有涉及翻译中的非语言因素，不能不说是一个遗憾，但他毕竟用粗线条为我们勾勒了翻译过程的基本框架。

第三节 翻译的标准与方法

翻译的标准，包括对翻译活动过程的指导和对译文的评价，或说对翻译结果的检验，到底如何确定？又该如何表述？首先得从翻译的根本上去寻求答案。

一、翻译的标准

我们可以看看我国早期典籍《周礼·秋官》里有关"象胥"的说法："象胥，每翟上士一人，中士二人，下士八人，徒二十人。""象胥，掌蛮夷闽貉戎狄之国使，掌传王之言而喻说焉，以和亲。若以时人宾，则协其礼与其言辞传之。"可见，"象胥"的具体任务，除了负责"接待四方民族和国家的使节与宾客"以外，有时还要负责实际的"通译事宜"。由此说开去，"象胥"既是一个负责管理工作的"官员"，也是一个具有实际"通译"本领的"士人"。以其"官员"身份管辖下的"士人"来说，他们的"官职"又可被细分为四种，即"寄""象""狄鞮"和"译"：凡翻译东方民族语言者，称之为"寄"；凡翻译南方民族语言者，称之为"象"；凡翻译西方民族语言者，称之为"狄鞮"；凡翻译北方民族语言者，称之为"译"。综上所述，如果再联系唐朝贾公彦所作《义疏》里所提"译即易，谓换易言语使相解也"，那么我们对翻译的"根本"和翻译的"定义"问题似乎应有一个既较为古老、传统，又对我们时下探讨的问题颇有帮助的认识了，这就是：翻译一方面是指"语言转换的一项人类交际活动"，另一方面又可以指从事这项活动的人。但不管是从哪方面去理解，都离不开"语言转换"的应有之义，都涉及使原本不相通的两种语言可以相通，或说是使"源语"（source language）和"目标语"（target language）相通的问题。否则，也就根本无所谓"翻译"了。这一认识，可说是古今中外，概无例外。无怪乎《牛津英语词典》给"translate"下的定义为"to turn from one language into another"，美国的《新韦氏国际英语大辞典第三版》所下的定义是"to turn into one's own or another language"，我国的《辞海》和《汉语大词典》给"翻译"下的定义是"把一种语言文字的意义用另一种语言文字表达出来"。

一段时间以来，国内外翻译界都有人对"何谓翻译"议论不休，好些翻译教材或研究翻译的论文专著，都爱对这个问题探讨一番，但多数说法都有把给"翻译下定义"的问题与翻译过程中所涉及的问题混为一谈之虞，常常是把翻译的真义（即"语言转换"或"语言文字意义的转换"）说出之后，再做一番"画蛇添足"式的"解释""说明"或"补充"。这样一些"解释说明"对初学翻译者是有害无益的，因为它混淆了翻译的"定义"与"标准"的界限，起到混淆视听、让人不得要领的负面作用。我们不妨在此引述几例：

所谓翻译，是指运用一种语言（目的语，target language）把另一种语言（源语，source language）所表达的思想内容准确、通顺地重新表达出来，使译文读者能得到原作者所表达的思想，得到与原文读者大致相同的感受。

翻译是一种语言文字的实践，是利用一种语言文字将另一种语言文字所表达的思想确切而完美地重新表达出来的实践。

翻译是一种更换语言形式和转换信息内容（包括思想、意义、情感、修辞、文体、风格、文化乃至口吻等）的复杂的思维及表达过程。

翻译是把一种语言表达的意义用另一种语言传达出来，以达到沟通思想感情、传播文化知识、促进社会文明，特别是推动译语文化兴旺昌盛的目的。

还有一些另类的说法，比如说"翻译是一项有目的的（intentional）交际活动""翻译是一种跨语言（cross-linguistic）、跨文化（cross-cultural）、跨社会（cross-social）的交际活动""翻译是一种艺术"，等等。这些说法针对翻译过程中的具体问题来说是无可非议的，但若就翻译的"定义"而论，还是前引的《牛津英语词典》和《汉语大词典》等所采用的说法为好，因为它突出了"语言"（含口头的和书面的）这个翻译的"主体"，也符合"定义"通常所要求的简明扼要、言简意赅的传统特点，便于人们记忆和接受。这里值得指出的是，"语言"本身也是一种"文化"，即所谓"语言文化"。正如刘宓庆先生在其《文化翻译论纲》中所说的：

语言是翻译学视角中的文化的"主体或主干"。离开语言，翻译学将无从谈论也无以谈论文化。在翻译学看来，语言是文化的主要体现者和依据，撇开语言来谈文化，对翻译而言，无异于缘木求鱼，那是不可思议的。其所以如此，道理很简单：翻译的操作对象是语言。

刘先生还将萨丕尔（Edward Sapir）等人的关于语言的基本观点，即语言的文化性质所凭借的依据归结为五点，其中的最后一点是这样说的：语言的文化性充分表现在它对文化的凝聚功能中，几乎找不到任何一种人类文化的行为、活动、经验、劳作或制造是不可以用语言文字来加以叙述、描写或记录的。可以说，语言是人类文化的无比神奇的贮藏库和凝聚体。如果没有语言，人类根本无法认识自己的往昔、当今和未来，人类的一切经验和观念早已如云散烟消，人类的心灵也早已成为"一片空白"。刘先生在该书的另一处还说：语言在本体论上是文化的；语言的文化性和人文性就是它的本质，语言是特殊的文化现象；语言是"文化结构和文化功能的统一者"，而且是最有权威、最具潜势的"唯一的统一者"。引述了这么多，无非是要强调说明两个问题：一是在给翻译作定义性的描述时，只要从语言学的角度着眼就足够了（如前面引用的词典上所说），其他一切，什么文化、思维、修辞、文体等学科，什么"准确""通顺""完善"等修饰语都不应该掺杂其中。二是在对翻译中所涉及的语言之外的问题或学科要进行必要的"强调或描述"时，千万不要忘记语言是翻译的"主体或主干"，不能忽视它们，更不能把它们完全抛弃而不顾。

提出"功能目的论"的人说："纯粹的语言学帮不了我们的忙。这是因为，第一，翻译不仅仅是，甚至主要还不是语言转换过程；第二，语言学研究的问题还不能解决我们的问题，所以让我们在其他领域去寻找出路。"还说："译者在整个翻译过程中的参照系不应是'对等'翻译理论所注重的原文及其功能，而应是译文在译语文化环境中预期达到的一种或几种交际功能。"另外还有人说："许多翻译理论家已经认识到，翻译已不仅仅是'比较语言学的研究范围'，从两种语言结构的差异上来分析翻译的研究方法已'过于狭隘'。奈达认为'翻译远远超出了语言的异同'。"

对于上述"功能目的论"者的观点，读者应持"保留态度"，因为他们所说的只是翻译中的"部分"现象，并非翻译的"本义"，更不是翻译的"全部"，因为"翻译操作的对象是语言"。翻译首先而且必须是"比较语言学的研究范围"的问题，要首先弄清两种语言在结构上（包括表层结构和深层结构，或说字面形式上和深层语义上）的差异，这是个非常关键的问题。只有在肯定这些要义的前提下，再去谈他们所说的所谓"过于狭隘"和"远远超出了语言的异同"等一些问题，才能让学习者得到一个全视角观点下的翻译的完整概念和认识。而我们的观点则是："比较语言学的研究"之路虽然"狭隘"一些，但它却是一条"必由之路""入门之路"，翻译尽管是"远远超出了语言的异同"的问题，但"语言的异同"（尤其是"异"）的问题仍然是并将永远是翻译者首先必须弄清楚的重中之重。我们应该始终坚持的理念和做法就是：翻译教学必须在坚持翻译实践的前提条件下，以翻译理论为先导，以语言对比为基础，以翻译技巧为主打，将分析和综合的方法贯穿到整个翻译教学过程中去。

在弄清翻译的定义并澄清一些相关的说法（观点）之后，对翻译的核心理论和翻译标准的认识，就理应变得比较清晰了。从古代来说，无论是三国时期支谦主张的"因循本旨，不加文饰"，还是东晋时期道安要求的"案本而传，不令损言游字"，也无论是被誉为六朝时"译界第一流宗匠"的鸠摩罗什所主张的"只要能存本旨，就不妨'依实出华'"的做法，还是唐朝大翻译家玄奘提倡的"不翻"（即"音译"）及其"转译"（即"多用直译，参考意译"或"意译直译，圆满调和"）的实践，实际上他们都是主张必须尊重原文，尊重原文的语言形式和深层语义，而这就是为什么在一百多年前严复能归纳总结出"信达雅"的翻译标准的原因。在严复提出"信达雅"的标准之后，又有许多译界大家对其提法加以发挥和阐释，最有代表性的阐释也许要算朱光潜和钱钟书两位先生的了。朱光潜先生在1944年写的《谈翻译》这篇文章中说：

> 严又陵以为译事三难：信，达，雅。其实归根到底，"信"字最不容易办到。原文"达"而"雅"，译文不"达"不"雅"，那就是不"信"；如果原文不"达"不"雅"，译文"达"而"雅"，过犹不及，那也还是不"信"。所谓"信"是对原文忠实，恰如其分地把它的意思用中文表达出来……所以对原文忠实，不仅是对浮面的字义忠实，对情感、思想、风格、声音节奏等必须同时忠实。

钱钟书先生在其《管锥编》中则是这样说的："译事之信，当包达、雅；达正以尽信，而雅非为饰达。依义旨而传，而能如风格以出，斯之谓信。"

及至现代当代，也有许多译界先辈、同仁就翻译的标准问题，做过诸多阐述，以表明自己的主张和见解，如：信、达、切；达意、传神、文采；忠实、通顺、美；准确、通顺、易懂；忠实于原作，译文明白晓畅；准确、流畅；信、顺，等等。此外，还有"文体选择"论、"读者决定"论、"多元互补"论等。作为学术争鸣，各抒己见，哪怕是惹得读者诸君一时眼花缭乱，无所适从，仍是情有可原的，但作为相对较为一致的观点，一种切合翻译实际、能指导普通翻译实践活动和评价译品的基本标准，还是应该有一个的。从前面引用的古今诸多译论中我们可得出这样一个"基本标准"，那就是不带任何多余文饰的四字标准：忠实，通顺。这是一个"基本标准"，或说"起码标准"，既简明扼要，方便记忆，又能指导实践，解决问题，相信大家是会有此共识的。

二、翻译的方法

唯物辩证法认为，方法论是构成任何一门学科理论必不可少的内容，没有方法论的学科理论是不完整的理论，是解决不了实践活动中的实际问题的，派不上多少用场的空洞无益的理论。什么是"方法论"？它和人们常说的"方法"是一回事吗？据范守义先生在其2004年的论著《翻译研究：另类视野》中所说：

> 盐谷（Yuichi Shionoya）在研究熊彼得（Schumpeter）关于社会科学的学术思想时，构建了一个Meta理论框架，包括科学方法论、知识社会学和科学史。

首先他区分了"方法"（Methods）和"方法论"（Methodology）这一对概念，指出人们常说的方法论，实际上是指"方法"而已，包括"与形成概念有关的一系列规则、步骤，提出设想，构建模型，形成假说，观察事实，检验理论，等等"。而"方法论"则是"有关研究为什么使用某种具体的方法，对使用这些方法而得出的理论加以评价的一个哲学部门"。

从上述对"方法"和"方法论"的区别性论述中，我们得知它们是有本质上的区别的，同时也有着密切的内在联系。我们似乎可以这样解读它们的关系："方法"是"方法论"研究的前提或基础，而"方法论"则是"方法"研究的升华或发展。这种关系类似做语义学研究与语用学研究时所看到的关系，语义学研究的目的是要解决"What does X mean?"的问题，而语用学研究的目的则是要解决"What did you mean by X?"的问题。可以看到，尽管它们存在着本质上的区别，但它们的内在联系也是极为密切的。

那么，我们翻译研究所要探讨的到底是属于"方法"还是属于"方法论"的问题呢？只要结合翻译的实践活动和理论研究的实况，这个问题并不难回答，我们是既要研究"方法"问题，也要研究"方法论"问题。换言之，我们在这里所做的翻译研究，是要将它们结合起来进行的一种研究，是既要回答"What does X mean?"又要回答"What did you mean by X?"的研究。再换个通俗的说法，就是要研究一个既要"知其然"又要"知其所以然"的问题。这也正如英国的贝尔（Roger T. Bell）在其代表作《翻译与翻译过程：理论与实践》中所指出的：翻译研究所寻找的是"一个综合的、跨学科的、多方法的、多层次的用来对翻译过程进行描述的方法"。为强调方法问题的重要性，我们不妨引用伟人毛泽东曾讲过的一段话，作为本段的结尾。他在1934年写的《关心群众生活，注意工作方法》的文章中写道："我们不但要提出任务，而且要解决完成任务的方法问题。我们的任务是过河，但是没有桥或没有船就不能过。不解决桥或船的问题，过河就是一句空话。不解决方法问题，任务也只是瞎说一顿。"翻译的方法问题对翻译实践活动的重要性由此可见一斑。

翻译的方法问题，可说是自有翻译活动以来就一直备受关注、争论不休的一个问题。罗新璋先生在其《翻译论集》中的《我国自成体系的翻译理论》一文中，曾有如下几段描述：

鲁迅先生在评论严复的翻译时，对我国古代的翻译理论曾提纲挈领理出一个头绪："中国之译佛经，汉末质直……六朝真是'达'而'雅'了……唐则以'信'为主，粗粗一看，简直是不能懂的。"这段话大致隐括当时直译、意译和新译等三种译派。

……鸠摩罗什主张只要能存本旨，就不妨"依实出华"。……摩罗什的翻译，对于原本，有增有损，求达求雅，属于意译的一派。

……玄奘……译笔谨严，多用直译，善参意译，世称"新译"。而此前提出"因循本旨，不加文饰"主张的三国时的支谦，以及主张"案本而传，不会有损言游字，时改倒句，余尽实录"的东晋时的道安，则都是直译派的代表人物。

不管他们当时主张的是"直译""意译"还是"新译"（注：以今天的观点看实为"直译+意译"），实际上就是一个翻译的方法问题，还可以说是一个可以指导具体翻译实践的原则问题。郭建中教授在总结了"直译"和"意译"历来无数的定义和概念的争论之后，对它们重新做出了非常全面而系统的如下界定：

直译（literal translation）——译文的语言表达形式，在目的语规范容许的范围内，基本上遵循源语表达的形式，而又忠于原文的意思。

意译（free translation）——译文的语言表达形式，完全遵循目的语的规范而不考虑源语的表达形式，但又忠于原文的意思。

传统译论中常有"直译法""意译法"之说，把"直译""意译"归入"方法"的范畴，在这些翻译研究早期乃至后面相当长的一个时期内，都是可以理解和接受的，因为这种观点在历史上毕竟对翻译实践和翻译理论研究起到过或多或少、或大或小的促进作用。但随着翻译研究的深入和翻译实践的需要，仅仅从相对比较宏观、比较抽象、比较缺乏实际操作性的"直译法""意译法"的层面去思考（或者说入手），已经适应不了实际的翻译实践活动和理论研究活动的需要，于是，一些更为具体、更为微观、更具操作性的翻译"方法"也就应运而生了，如：增译法（又称增词法），减译法（又称省译法、省略法），重复法（又称重译法），词类转译法，正反、反正表达法，词序调整法（又称语序调整法），分译法（又称拆译法），合译法（又称融合法），语态变换法，等等。这些翻译方法，经过长期的翻译教学和翻译活动的实践证明，它们是实用的，是有生命力的，是受相关人员（包括翻译教学的师生和翻译爱好者及研究人员）欢迎的。至此，余下的问题就是在具体的翻译实践过程中，即在什么情况下该用（或可用）这种或那种译法，以及为什么该用（或可用）这种或那种译法的问题了。所有这些问题，我们都将在后面的各个章节中，结合一个个具体译例去进行探讨与解答。

第四节 影响翻译的主要因素

有人认为翻译是人类迄今为止最复杂的活动之一。如果说这话言过其实，那么以此来说明翻译的艰难却是一点也不为过，因为几乎无所不能的计算机至今仍无法将翻译做得令人满意就是一个很好的佐证。翻译尽管十分复杂，但仍然可以理出影响它的几个主要因素。这些因素主要包括：（1）语言差异；（2）文化差异；（3）意识形态；（4）译者的语言功底、文化素养以及由其世界观、价值观、意识形态等构成的理解的前结构。

一、语言差异

语言差异既是语际翻译的困难之所在，也是翻译之所以必要的一个原因，然而不同语言却因其所属语系的亲疏有别而造成其差异也大小不等。汉语和英语分别属于汉藏语系和印欧语系，有着极大的差别。首先，汉语属于象形文字，表意功能明显，而英语是拼音文字，主要特征是表音。其次，汉语没有词形的屈折变化，句子中的时、数、态等全靠词汇手段解决，而英语基本依赖语法手段解决。再次，汉语句子主要靠意念建构衔接，因此句子结构方面"主题—述题"特征明显，但英语却"以形统神"是"主语—谓语"结构特征突出的语言。最后，汉语没有关系代词和关系副词，主题或主语变换频繁，句子直线推进，线性特征明显，因此词序十分重要，句子一般短小。但英语的关系代词和关系副词使英语句子伸缩自如，形成"多枝共干"的"树形结构"，句子结构复杂而且较长。

二、文化差异

文化是民族物质生活和精神生活的积淀，也是民族物质生活和精神生活的环境。民族文化为民族语言提供了源头活水，而民族语言则肩负着承载和传承民族文化的重任。作为文化的核心部分，语言既折射着民族文化，也随着民族文化的发展而发展，尤其是民族生存的地理环境、生活习俗、民族性格、政治经济、历史进程等都会在民族语言中留下深深的印记。不同的民族生活在各自独特的地理环境中，形成了不同于其他民族的生活习俗，并在长期的历史演进和各自的政治经济氛围中形成了独具特色的民族性格。所有这一切，要么以浓缩了民族特色的文化负载词进入民族语言，要么以成语、谚语的形式固化在语言表达中。翻译中如果译者对这些文化差异熟视无睹，无论他的译文与原文如何"貌合"，两者的"神离"都是无法避免的。不同的文化不仅渊源和特点不同，而且翻译中所涉及的两种文化的地位也不相同。在翻译实践中，两种文化相较之下总有一种处于强势，另一种处于弱势。文化的强弱之别总会以这样那样的形式对翻译过程和翻译结果产生影响。

三、意识形态

意识形态作为"形而上"者，总是以无形的手左右着社会活动，翻译作为跨语言跨文化的社会活动自然也不例外。例如在源语待译作者和待译作品的选择、译者翻译策略的考虑和翻译技巧的选择、翻译作品的评论与接受上，意识形态都起着巨大的后台制约作用。严复作为我国近代最著名的翻译家，他不是选择与自己所学专业有关的船舶驾驶、兵工制造书籍来译，而是在甲午战败后民心思变的年代先后翻译了介绍进化论的《天演论》，论述西方资产阶级民主、民权的《群己权界说》《群学肆言》《社会通诠》等政治书籍。严复虽然在《天演论·译例言》中提出被后人奉为翻译标准的"信、达、雅"，但他的翻译虽"达"且"雅"但却不"信"，因为他在译文中做了不少的删减并加进了不少自己的评论。严复作为严肃的学者并非言行不一，而是将翻译作为唤起民众、救亡图存的武器。

四、译者的基本素养

译者是翻译活动的主体，他既不是无所不通的理想的化身，也不是在"真空"中从事翻译活动，社会因素和他的个人因素无时无刻不在影响着翻译过程。影响译者的社会因素主要是前面所提到的文化因素和意识形态。影响翻译的译者个人因素虽然形形色色，但最主要的是译者的语言功底、文化素养、文化意识以及理解的前结构。翻译既是跨语言的，也是跨文化的，因此译者必须有深厚的双语功底，必须熟悉两种文化，即要有较好的语言和文化素养。熟悉两种文化是进行翻译的基础，强烈的文化意识是沟通两种文化的关键。我们从小生活在母语文化中，母语文化对我们的影响是全面而深远的，但是正因为母语文化的熏陶，我们生活在母语文化中却很难感受到它的存在，就像水中的鱼儿感受不到水的存在一样。所以在翻译这种跨文化的交际中译者强烈的文化意识就显得十分重要。此外，由译者的世界观、价值观、意识形态等构成的理解的前结构对翻译的影响也不能忽视。人们对信息的解读并非基于零起点，而总是以自己的世界观、价值观、意识形态、已获信息等为基础进行。这些帮助并制约着信息解读的基础部分就构成了人们理解的前结构。缺乏这个前结构理解就无法进行，但前结构毕竟是一副"有色眼镜"，它使我们看到的一切都带上了前结构的"色彩"，使我们对信息的解读有时难免失之偏颇。不过内容庞大、结构合理的前结构总是有助于译者充分、准确地从原文获取信息，为高质量地完成翻译任务提供保障，这也就是为什么人们常说翻译工作者必须是个杂家。

第二章 翻译中的文化传译

不同的国家、民族在地理环境、历史、传统、宗教、生活方式、政治制度、价值观念等方面存在着许多差异,而这些文化因素的差异往往都会体现在语言之中。翻译是两种语言之间的转换活动,是信息和思想的交流,是语言表达的艺术再创造,而不单单是文字上的对译。

第一节 英语谚语汉译中的文化传译

曾有人建议译者试把下面三句英语谚语译成散文体式,并将它们的译文与谚语的体式所译得的译文进行对比,看两种体式的译文会给译文的读者带来什么样的感受。这里我们不妨试译一下,并做一些比较性评述。

这三句谚语是:
（1）East or west, home is the best.
（2）An apple a day keeps the doctor away.
（3）Beer on whisky makes you frisky, whisky on beer makes you queer.

按散文体式译得:
（1）东奔西跑,都不如在家里好。
（2）一天吃一只苹果,不用看医生。
（3）啤酒加威士忌,喝了使你好欢跃,威士忌加啤酒,喝了使你神经不正常。

按谚语体式并据深层语义译得:
（1）金窝银窝,不如自己的狗窝。
（2）每天吃水果,保你无病快乐多。
（3）啤酒加威士忌,喝了使你有神气;威士忌加啤酒,喝了使你像梦游。

对比上述两种译文,译文读者肯定会更喜欢后者,原因很简单,因为后者不仅能给人带来一种视觉美的享受,而且还可以带来一种听觉美的享受。但前者却没有具备这样的"招人喜欢"的特色,无法让人产生好感。换言之,前一种译文之所以不能"招人喜欢",是"由于音乐意义的缺失"。为深入起见,我们不妨对"音乐意义"的问题,先来做一些简略的说明。

按照柯平先生的观点,"音乐意义"主要是以头韵、半韵、和音、尾韵和格律的方式表现出来。他举了"pretty as a picture"和"dead as a doornail"两个短语做例子,讲解"头韵"修辞手法的运用,前者表现在"pretty"和"picture"这两个单词中开头的字母"p"的运用上;后者则表现在单词"dead"和"doornail"中开头的字母"d"的运用上。他还举了"The rain in Spain stays mainly in the plain."一句作例子，说明这是用了"半韵"修辞手法的句子，其"半韵"是通过句中的"Spain"与末尾的单词"plain"来体现的。

柯平先生还举了如下两个例子，作为说明他的"音乐意义"中的"尾韵"的例证：一是"Thou ill-formed offspring of my feeble br**ain**/ who afterbirth didn't by my side rem**ain**"（注：其中"br**ain**"和"rem**ain**"中的"ain"字母组合中的字母都被标为黑体，以示该字母组合是同发 [ein] 音的，故在句中构成"尾韵"）。二是"嘴上没**毛**，说话不**牢**"（注：其中的"毛"和"牢"字都被标成黑体），他同时给出的英译文是"Downy **lip**s make thoughtless s**lip**s"（注：其中"**lip**s"和"s**lip**s"中的"lip"三个字母都被标成黑体）。

柯先生上述有关头韵、半韵和尾韵的示例，其所要表示的意思，应该说是比较清楚的了，但为了更准确明白，我们认为若能从文字上给予适当的说明，会显得更好一些。因此，还是请大家读一读下面的几小段有关"头韵"等的说法吧。

谢祖钧先生在其编著的《英语修辞》一书中有如下一些表述："头韵（alliteration）是英国文学作品中使用相当广泛的一种语音修辞手法。在一个诗行中，在两个或两个以上的词的开头重复同一元音或相同辅音，甚至同一音节，叫作头韵。""脚韵（rhyme）是在两行或更多的诗行末尾重复同一个音，这种末尾音节的谐音一般都是建筑在末尾的元音和其后的辅音相同的基础上的。"（所谓"谐音"，是指"字词的音相同或相近"，英语即 consonant tones）。

除了诗行的末尾彼此押韵外，诗行内部停顿前的词也可与末尾的词押韵。诗行内部的脚韵叫作内韵或间韵。例如：I bring fresh showers to the thirsting flowers. I am the daughter of Earth and Water.（其中的"showers"与"flowers"，"daughter"与"Water"分别押韵，英语中的这种"内韵"与汉语中的"腰脚韵"十分相似。）

谢先生在介绍英语的"半谐音"时又说："半谐音（assonance）是一种不完全脚韵。诗句末尾押韵的词中只有元音相同，而其后的辅音不同。"至此，我们似应得出这样的一个新认识：英语的所谓"内韵"或"半韵"，应包括汉语中的"腰脚韵"和"不完全脚韵"。（注：这里说的情况，在英语中，包括所涉及的押韵单词中的元音和辅音都相同的情况，以及只有元音相同而辅音不同的情况；而在汉语中，则包括所涉及的押韵汉字的"音相同或相近"的情况，即所谓的"谐音"，以及"不完全脚韵"的情况，即所谓的"半谐音"。）认识并确定这一点十分重要，因为它对我们下一步就英语谚语进行其"音系意义"的传译所做的探讨，无疑具有"前提条件"的重要意义。

回到我们前面开头处所举的三个译例上去。通过对原文的分析得知，三个译例的原文中都是用了"半韵"（或说"内韵"）修辞手法，也就是说都是带有"音系意义"的。具体说来，在（1）中是"west"与"best"押半韵，在（2）中是"day"与"away"押半韵，而在（3）中则分别是"whisky"与"frisky"，"beer"与"queer"押半韵。所有这些"音系意义"，在我们前面看到的按散文体式译得的译文中，都是完全缺失的，是难寻踪影的。但在按谚语体式译得的译文中，却都能有效地把"音系意义"再现出来，并且是在译文意思不悖于原来谚语本意的前提下，也都用了押韵的修辞手法，即（1）中的"窝"与"窝"押韵，（2）中的"果"与"多"押韵，（3）中的"忌"与"气"，"酒"与"游"也都是分别押韵的。由此可见，英语原文中音系意义的传译是十分重要的，是值得译者去深入探讨并尽力解决好的。

下面，我们将借鉴诗歌中关于半韵、头韵和尾韵的相关理论，就英语谚语句子的汉译，做一些有益的探讨。

A. 半韵句（即不完全脚韵句或内韵句）

（1）Best deffence is offence.

先下手为强，后下手遭殃。（原译：进攻是最好的防御。暗示：要主动进取，主动出击，争取有利形势，以免被动挨打，受制于人。）

（2）Better be envied than pitied.

宁让人羡，不让人怜。（暗示：要争做生活中的强者，不做让人垂怜的孬种。）

（3）He that will thrive must rise at five.

要想兴旺，五更起床。（原译：五更起床，百事兴旺。暗示：勤劳可致富，懒惰不会给任何人带来好处。）

（4）One good forewit is worth two afterwits.

一个"早知道"胜过两个"马后炮"。（暗示：凡事要善于预先做出正确的判断，"事后诸葛亮"无补于事。）

（5）A stitch in time saves nine.

及时一针胜九针。（暗示：有了小错要及时改，以免小错酿成大错而后悔不及。）

（6）Ninety percent of inspiration is perspiration.

一分灵感，九分汗水。（套用汉语谚语。暗示：灵感固然重要，但汗水更重要；先有汗水，后有灵感。）

（7）I am not so blind as I am bleary-eyed.

我虽视力差，但我并不傻。（原译：我的视力虽差，但我的眼睛并不瞎。暗示：尽管我已年纪大，可我并不糊涂，谁也糊弄不了我。）

（8）All things thrive at thrice.

成功在于不断努力之中。（原译：好运总在第三次。暗示：只要坚持长期努力，就有可能取得佳绩。）

（9）Drunkenness reveals what soberness conceals.

酒后吐真言。（套用汉语谚语。原译：醉酒时说出清醒时不想说的话。暗示：酒多必误事，喝酒须适量。）

（10）Gifts blind the eye of the wise.

在礼物面前，智者亦受骗。（原译：礼物可以蒙蔽智者。暗示：拿人者手软，吃人者嘴软。要注意管束好自己。）

(11) If you help everybody you help nobody.

什么人都帮等于什么人都没帮。(原译:什么人的忙都帮,谁的忙也帮不了。暗示:助人虽乐事,但应有选择。因人的精力、时间和能力都是有限的,要是"什么人都帮"肯定帮不好,也就白帮了。)

(12) He that does lend will lose his friend.

借钱给朋友,定会失朋友。(暗示:要学会识别假朋友,谨防上当受骗。或者说:把钱借给假朋友,讨回之时难找到。)

(13) Never overdrive the best horse alive.

良马虽好,勿使过劳。(原译:役使良马不可过度。暗示:凡事皆有"度",无"度"会遭殃。对于听话好用的人,也不能让其长期超负荷,过度劳累,否则是会把人毁了的。)

(14) Better die standing than live kneeling.

宁可站着死,不可跪着生。(套用汉语谚语。暗示:做人要有正气和骨气。)

(15) The boughs that bear most hang lowest.

果子密,树枝低。(原译:果实最多的树枝垂得最低。暗示:有真本事的人不爱张扬。)

(16) Wit once bought is worth twice taught.

书中学得不如干中习得。(原译:一份亲身体验胜过两份老师教导。暗示:实践得出真知,行动胜于雄论。)

(17) He got out of the muxy and fell into the pucksy.

刚出虎穴,又入狼窝。(原译:刚出泥潭,又陷深渊。暗示:险境或困境接踵而来。)

(18) If a fish smells, look at his head.

鱼儿臭不臭,看头便知道。(原译:若是鱼发臭,看看它的头。暗示:要善于找出解决问题症结的办法。)

(19) In time of prosperity, friends will be plenty; In time of adversity, not one amongst twenty.

穷在闹市无人问,富在深山有远亲。(套用汉语谚语。暗示:人皆有嫌贫爱富之心。)

(20) If the eye won't admire, the heart won't desire.

眼里看不上,心里就不想。(暗示:不能忽视感官对人的心理的重大影响。)

(21) Small men imitate, and great men originate.

庸人模仿,能人独创。(原译:小人模仿,伟人独创。暗示:模仿成不了大气候,独创方能成大业。)

B. 头韵句

(1) All covet, all lose.

什么都想要,什么得不了。(原译:事事都想要,凡事得不到。暗示:贪得无厌者到头来必定没有好结果。)

(2) Be not too bold with your biggers and betters.

强者面前，切忌莽撞。(原译：在强者面前，切莫莽撞。暗示：人要学会正视现实，要懂得如何保护自己；识时务者为俊杰。)

(3) Better wit than wealth.

有财不如有才。(暗示：才智可以帮助人创造财富，但财富不一定能帮助人获得才智，甚至还会产生相反作用。)

(4) Broken bones well set become stronger.

断骨接好，将会更牢。(原译：断骨接好更结实。暗示：浪子回头金不换。)

(5) By peace plenty.

和气生财。(套用汉语谚语。原译：人和财富多。暗示：团结协作才有利好，才能共赢。)

(6) Cash begets cash as credit begets creditors.

钱生钱，债生债。(暗示：要善待钱财，该节约的要节约，不该乱花的切莫乱花，要提倡节俭，学会理财，注意量入为出。)

(7) Don't trouble troubles until trouble troubles you.

麻烦不找你，莫去找麻烦。(暗示：要学会与人相处，学会包容、忍让，这样就不会动辄招惹人，到处树敌，自寻烦恼。)

(8) A donkey is but a donkey though laden with gold.

有缺点的战士还是战士，完美的苍蝇还是苍蝇。(套用汉语谚语。原译：驮着金子的驴还是驴。暗示：不要被眼前的表象所迷惑，要学会透过现象看本质，要知道事物的本质是由其内在特质来决定的。)

(9) Fools have fortune.

傻人自有傻人福。(原译：傻人有福气。暗示：不怕吃亏的人总会得到好的回报。)

(10) First come, first served.

先到先招待，不按等级来。(原译：先到先招待。暗示：对那些不合理的陈规旧习、等级制度要敢于说"不"，要敢于对其提出挑战，冲破其束缚，解放思想，大胆创新。)

(11) Great honors are great burdens.

名气大，压力大。(暗示：得到的名誉越多，承担的责任就越大；只想得好处、不想负责任的做法是不可取的。)

(12) Ill got, ill spent.

乱赚必乱花。(暗示：来得容易去得快或赚得容易花得快。)

(13) Little wealth, little care.

钱财少，操心少。(暗示：对钱财的追求要适度，贪多会受累受害。)

（14）Nothing succeeds like success.

一事成功，事事顺风。（原译：一事成功万事顺。暗示：要注重连锁反应，集中时间和精力，争取做好一两件具有重大影响的事，以获取更多更大的成功。）

（15）Laugh and the world laughs with you; weep and you weep alone.

笑，世人会与你同笑；哭，你却只能独自哭。（原译：笑，世界与你同笑；哭，只好你一人哭。暗示：趋利避害为人之常情。）

（16）Much meat, many malady.

美食多，伤身多。（原译：食多伤身。暗示：养尊处优的生活对身体有害无益。）

（17）No cross, no crown.

吃得苦中苦，方为人上人。（套用汉语谚语。原译：不吃苦中苦，就没有甜中甜。暗示：不怕千难万苦，才能过上更好的生活。）

（18）Other times, other manners.

时代不同，习俗不同。（原译：时代不同，习俗各异。暗示：要学会适应变化着的不同环境，即要与时俱进。）

（19）The poor man seeks food, the rich man appetite.

穷人求吃饱，富人求吃好。（原译：穷人找食好，阔人找胃口。暗示：人所处的地位和环境不同，追求的目标也不同。人要有自知之明，不可盲目攀比，脱离实际去追求永远无法达到的目标。）

（20）Well-fed. And well-bred.

温饱知礼仪。（套用汉语谚语。原译：吃得好，教养好。暗示：只有先解决吃饭穿衣的基本问题，才能更有效地解决教养方面的问题。）

（21）Out of sight, out of mind.

眼不见，心不烦。（暗示：改换一下环境，对人的心态调整有着积极的作用。）

C. 尾韵句

（1）All is well that ends well.

结局好才是真的好。（原译：结局好，万事好。暗示：行事应注重效果，效果不好，过程和形式再好也是徒劳的，无用的。）

（2）Harm set, harm get.

欲害人，必害己。（原译：害人反害己。暗示：害人之心不可有。）

（3）It is a good horse that never stumbles; And a good wife that grumbles.

再好的马儿也会失蹄，再贤的妻子也会唠叨。（暗示：金无足赤，人无完人；对人对事均不可求全责备；须知自己也是有缺点有不足的常人。）

（4）He that talks much lies much.

说话多，谎话多。（原译：说话多的人谎话也多。暗示：谎话多，必惹祸；须知"祸从口出"的告诫；要尽量少说多听，不要口无遮拦，只图一时痛快地乱讲乱说。)

（5）There are god's poor and the devil's poor.

有人贫穷因运气，有人贫穷因德行。（原译：有人穷是因为运气不好，有人穷是因为德行不好。暗示：运气和德行都有可能致人贫穷，要想不穷，需要靠好德行，因为这是可以靠自己的努力去做到的，而运气是靠不住的，是可遇而不可求的，要知道"天上不会掉馅饼"的道理。）

（6）After honor and state, follow envy and hate.

有了地位和名声，怨恨妒忌自然生。（原译：有了地位和名声，妒忌和怨恨就接踵而来。暗示："见不得别人比自己好"，这是人性中的普遍性弱点，对其需要有认识，更需要有防范。）

（7）Grasp all, lose all.

都想抓手中，都会落个空。（原译：什么都想要，什么也得不到。暗示：什么事都想管，都要抓在自己手里，大包大揽，必定什么事也管不好、做不好，因为任何人的时间、精力及能力都是有限的。）

（8）Man proposes, God disposes.

谋事在人，成事在天。（暗示：人可以有很好的计划或理想，但能否实现，则要看客观情势，或说要看是否具备"天时，地利，人和"的条件，因为理想与现实之间往往总是存在很大距离的。）

（9）They love the face, not the grace.

人爱外表好，不爱内在秀。（原译：人爱外表，而非内秀。暗示：尽管外表往往靠不住，但高"颜值"却常常有奇效，因为"爱美之心，人皆有之"，人们往往容易被美好的表象所吸引、所左右，而极少去考究其内在的美好。）

通过对上面 A、B、C 三类译例中的汉语译文进行分析可以看出，英语谚语中音系意义的传译，可采用如下五种方法：

第一种，使用对称（对仗）平行句的方法，如 A 中的（2）、（14）、（19），B 中的（6）、（19），C 中的（3）、（5）等。

第二种，使用句子（短语）对照（对比）的方法，如 A 中的（4）、（5）、（6）、（16）、（17），B 中的（15），C 中的（2）等。

第三种，使用声母相同（相近）的谐音字的方法，如 A 中的（11）、（12），B 中的（7）、（9）、（12）、（13）、（16）、（18），C 中的（1）、（4）等。

第四种，使用重复同音字（词）的方法，如 A 中的（3）、（7）、（8）、（11）、（13）、（15）、（18）、（20）、（21），B 中的（1）、（2）、（3）、（4）、（10）、（14）、（21），C 中的（6）、（7）、（9）等。

第五种，使用意义相应的汉语谚语的方法，如 A 中的（1）、（9），B 中的（5）、（8）、（17）、（20），C 中的（8）等。

从上述各个具体的汉语译文中可以看出，不管用上述的哪一种处理方法，在译文确定的问题上，我们都应在优先保证原文意义得到正确传译的前提下，做到反复推敲，认真斟酌，并通过使用在句式、字词、语音等方面体现的各种修辞手段，使原文中的音系意义得到较好的传译。换言之，就是使原文中所蕴含的"三美"（即许渊冲先生所主张的"意美、音美、形美"）在译文中得到了较充分的体现。还要说明的一点是，前面译例中所提到的"原译"，在"三美"的体现问题上，都不同程度地存在这样或那样的不足，此处就不一一指明了，相信读者一定能自己慢慢体会到。另外，我们前面指出的五种传译方法，它们绝对不是完全不相干的。而是你中有我，我中有你。换言之，就是某个译文既可以说是用其中的某一种译法译出来的，也可以说是用另一种译法译出来的，读者只要认真将其中某个译文的译法跟上述的那些译法对照分析，就能得出与我们同样的认识。

最后要加以说明的一点是，我们将所有这些英语谚语分为 A、B、C 三类，即半韵句、头韵句和尾韵句，是为方便叙述和研究的需要，并非有什么绝对的唯一的标准或界线，因为这些译例原文，好些都是包含有两种修辞格的，或说两种修辞"韵式"的，如 A 类中的（5）、（8）、（11）、（12）、（15）等的英语原文就同时包含有头韵修辞格，（7）、（11）、（19）、（21）等译例中同时都包含有尾韵修辞格。同理，在 B 类译例中，（2）、（21）、（22）等的英语原文也都同时包含有尾韵修辞格，而在 C 类译例中，（3）、（4）、（5）等也可理解是包含有头韵修辞格的译例。音系方面的修辞格有时会一起出现在同一句子中的这种情况，在我们比较熟悉或常见的修辞格当中，如比喻、排比、夸张、拟人等，也是同样存在的，值得做翻译研究的人员加以注意。

第二节 英语歌词汉译中的文化传译

要翻译好歌曲，首先就得了解什么是歌曲，它是由什么成分构成的，各个成分又包含着哪些要素，各成分或要素之间是否有相通之处，等等。只有弄清了这些问题，才能更好地把英文歌曲的汉译问题落到实处，才能使对这一问题的探讨富有成效。

"歌曲"是"供人歌唱的作品，是诗歌和音乐的结合"，英文通常称为"song"。歌曲又可分为民歌（folk song）、山歌（folk song sung in the fields during or after work）、情歌（love song）和儿歌（children's song）等不同细类。而"诗歌"则"泛指各种体裁的诗"，英文释之为"poems and songs" "poetry"或"poems in various forms"。再看看"诗"的汉语释义，那就是"文学体裁的一种，通过有节奏、韵律的语言反映生活，抒发情感"，英文对其释义是"poetry；verse；poem"。

既然歌曲是诗歌和音乐两者的结合物，在这里我们将不得不再从音乐的角度来对其作一些探讨。我们知道"音乐"是指"用有组织的乐音来表达人们的思想感情、反映现实生活的一种艺术。它的最基本的要素是节奏和旋律。"（其英文释义为 music：the art that expresses people's ideas and sentiments, and reflects true life through organization of tones or sounds, its basic elements being rhythm and melody.）

为了对歌曲的两个组成部分有进一步的了解，我们也应对与诗歌和音乐密不可分的"节奏"有一个明确的认识。"节奏"是指音乐或诗歌中"交替出现的有规律的强弱、长短的现象"。再请看与诗歌和音乐都密切相关的"音韵"，它指的是"和谐的声音"或"诗文的音节韵律"。实际上，所谓的"韵"，它的第一个词典释义就是指"好听的声音"，而诗歌中所要求的"韵律"指的就是"诗词中的平仄和押韵规则"。

　　最后，我们还要特别关注一下音乐的另一个基本要素"旋律"（melody），据词典的释义，它是"乐音经过艺术构思而形成的有组织、有节奏的和谐运动"，"乐曲的基础，乐曲的思想感情，都是通过它表现出来的"。（注："乐音"是指"有一定频率、听起来比较和谐悦耳的声音"，即"musical sound"或"tone"。）

　　我们可对"歌曲"做出另一番解读，它就是带有"韵律"的诗词句子加上一定的"旋律"的产物，它的核心部分是"乐音"（和谐悦耳的声音）、"韵律"和"旋律"（包含了"节奏"）。用通俗的话来说，所谓的"歌曲"，就是给"歌词"谱上"曲调"（tone）而成的一种文艺作品。所以，我们这里所要探讨的英文"歌曲"的汉译，实际上只能说是"歌词"的汉译，并不包括其"曲调"在内。由于"歌词"本身是有"韵律"的，听起来是有"韵味"的，念起来是有"节奏"的，而歌词的"韵律（rhythm）是语言的'乐流'（或'语言的音乐'）。它主要是由停顿和重音的对称的重复构成"。所以，我们本节所要探讨的重点问题，就是如何把英文歌曲中的歌词翻译好，如何把原歌词中的"韵律"和"节奏"在汉语译文中重现出来。下面，我们打算通过*Take a Chance on Me*（《给我契机》）这首英文歌曲的译例，进行一些实际的探析。

　　第一部分歌词原文：

　　（1）If you change your mind, I'm the first in line

　　（2）Honey I'm still free

　　（3）Take a chance on me

　　（4）If you need me, let me know, gonna be around

　　（5）If you've got no place to go, if you're feeling down

　　（6）If you're all alone when the pretty birds have flown

　　（7）Honey I'm still free

　　（8）Take a chance on me

　　（9）Gonna do my very best and it ain't no lie

　　（10）If you put me to the test, if you let me try

　　（11）Take a chance on me

　　（12）(That's all I ask of you honey)

　　（13）Take a chance on me

　　（14）We can go dancing, we can go walking, as long as we're together

　　（15）Listen to some music, maybe just talking, get to know you better

（16）'Cos you know I've got

（17）So much that Inane do, when I dream I'm alone with you

（18）It's magic

（19）You want me to leave it there, afraid of a love affair

（20）But I think you know

（21）That I can't let go

第一部分歌词译文：

（1）我是首选，如果你改变主意

（2）亲爱的，我仍一人孤寂

（3）给我契机

（4）如果你需要我，让我知道，我将只守着你

（5）如果你无处可逃，如果你感到失意

（6）如果你形单影只，当美丽的鸟儿飞去

（7）亲爱的，我仍一人孤寂

（8）给我契机

（9）尽我所能，没有骗你的言语

（10）如果你肯考验我，如果你肯让我试去

（11）给我契机

（12）（这是我想要的全部，亲爱的）

（13）给我契机

（14）我们可以跳舞，我们可以散步，只要我们在一起

（15）欣赏音乐，或只是闲谈，让我更多了解你

（16）因为你知道我有太多

（17）想做的事，当我幻想着与你单独在一起

（18）真不可思议

（19）你让我离开，担心会出风流韵事

（20）但我想你该知道

（21）我不会离去

第二部分歌词原文：

（1）If you change your mind, I'm the first in line

（2）Honey I'm still free

（3）Take a chance on me

（4）If you need me, let me know, gonna be around

（5）If you've got no place to go, if you're feeling down

（6）If you're all alone when the pretty birds have flown

（7）Honey I'm still free

（8）Take a chance on me

（9）Gonna do my very best and it ain't no lie

（10）If you put me to the test, if you let me try

（11）Take a chance on me

（12）（Come on, give me a break will you？）

（13）Take a chance on me

（14）Oh you can take your time baby, I'm in no hurry, know I'm gonna get you

（15）You don't wanna hurt me, baby don't worry, I ain't gonna let you

（16）Let me tell you now

（17）My love is strong enough to last when things are rough

（18）It's magic

（19）You say that I waste my time but I can't get you off my mind

（20）No I can't let go

（21）'Cos I love you so

第二部分歌词译文：

[（1）~（11）句的译文与第一部分中的（1）~（11）的译文完全相同，此处不再译出。]

（12）（来吧，让我休息一下好吗）

（13）给我契机

（14）哦，宝贝你别急，我也不急，我知道我终将属于你

（15）你不会伤害我，宝贝别担心，我不会让你忧虑

（16）现在让我告诉你

（17）哪怕世事艰难，我的爱始终不渝

（18）真不可思议

（19）你说我在浪费时间，但我怎能把你忘记

（20）不，我无法离去

（21）因为我如此深爱着你

第三部分歌词原文：

[(1)~(8)句的原文与第一和第二部分中的（1）~（8）句完全相同，此处略去，不再抄录。]

（9）Gonna do my very best, baby can't you see

（10）Gonna put me to the test, take a chance on me

（11）（Take a chance on me, take a chance, take a chance on me）

(12) Ba, ba, ba, ba, baa, ba, ba, ba, ba, baa
(13) Honey I'm still free
(14) Take a chance on me
(15) Gonna do my very best, baby can't you see
(16) Gotta put me to the test, take a chance on me
(17) (Take a chance on me, take a chance, take a chance on me)
(18) Ba, ba, ba, baa, ba, ba, ba, ba, baa, ba-ba
(19) Honey I'm still free
(20) Take a chance on me

第三部分歌词译文：

[（1）~（8）句的译文与第一部和第二部分中的（1）~（8）句的译文相同，不再译。]

（9）尽我所能，宝贝难道你没看在眼里

（10）请考验我，给我契机

（11）（给我，给我，给我契机）

（12）叭叭叭叭

（13）亲爱的，我仍一人孤寂

（14）给我契机

（15）尽我所能，宝贝难道你没看在眼里

（16）请考验我，给我契机

（17）（给我，给我，给我契机）

（18）叭叭叭叭

（19）亲爱的，我仍一人孤寂

（20）给我契机

（注：整首歌词的汉语译文，在引用时，个别地方我们有所改动。）

先从尾韵的使用方面进行一些对比，在第一部分中，原文头三句用的是"abb"韵（line—free—me），其相应汉语译文用的是"aaa"韵（意—寂—机）；接着的五句，原文用的是"aabc"韵（around—down—flown—free—me），汉语译文用的则是"aabaa"韵（你—意—去—寂—机）；再接着的五句，原文用的是"aabbb"韵（lie—try—me—honey—me），汉语译文用的是"aabcb"韵（语—去—机—的—机）；接下来的四句，原文用的是"aabc"韵（together—better—got—you），译文用的是"aaba"韵（起—你—多—起）；最后的四句，原文用"abcc"韵（magic—affair—know—go），译文则用"aabc"韵（议—事—道—去）。

在第二和第三部分的歌词中，原文和译文开头的八句（注：如在第一部分中那样将其分为两个小部分）所用的尾韵与第一部分歌词原文和译文开头八句的用韵是完全相同的，故此处就不再多言。在这里，我们还是先说说第二部分歌词原文和译文第九句及其后面那些句子的尾韵使用情况吧。（9）~（13）句原文用的是"aabcb"韵（lie—try—me—you—me），而译文用的也是"aabcb"韵（语—去—机—吗—机）；（14）~（17）句原文用"aabb"韵（you—you—now—rough），译文则用"abab"韵（你—虑—你—渝）；（18）~（21）句原文用"abcc"韵（magic—mind—go—so），译文则用"aaba"韵（议—记—去—你）。

最后再来说说第三部分歌词第九句及其后面句子的尾韵使用问题。在这里，（9）~（14）句原文用的是"aaabaa"韵（see—me—me—baa—free—me），而译文用的也是"aaabaa"韵（里—机—机—叭—寂—机）；（15）~（20）句用的尾韵与（9）~（14）句的完全相同，原文和译文都是如此。

综上所述，我们可以看出，第二、第三部分歌词原文开头八句，都是对歌词原文第一部分开头八句的重复，各句用的尾韵也是完全相同的，而正是由于这两种修辞手法（即"重复"和"押韵"）的运用，使整部歌词形成了"乐流"，产生了"乐感"，换言之，就是有了"韵律"。在歌词的汉语译文中，也都注意了对原文中这些修辞特点的传译，因此，在歌词的汉语译文中也体现了原歌词的"乐感"与"韵律"，而这正是我们在汉译英文歌曲的歌词时所要求和希望达到的效果。

从对该歌词其他部分的分析探讨中还得知：其中一些歌词句子所用的尾韵，在原文和译文中都是一样的，如第三部分歌词中（9）~（14）句的用韵和（15）~（20）句的用韵即是如此；而另外一些歌词句子的尾韵则表现出不同的情况，以歌词第一部分的情况来说，开头三句英文中用的是"abb"韵，而汉译文则用了"aaa"韵。在接着的五个句子中，英文用的是"aabcc"韵，汉译文则用了"aabaa"韵。类似这样的情况，在歌词的第二、三部分当中同样存在。在中英歌词句子中出现用尾韵不完全相同的情况是很自然、很正常的，因为汉语和英语本身就是两种差异很大的语言。因此，这里的问题关键不在用韵的异同，而是是否用韵了。在歌词句子尾韵的使用方面，不管是英语原文还是汉语译文，只要能根据自身语言文字的特点，适当地用韵（注；译文可参照原文的用韵），就能给人们传达一种"乐感"，送去一种美意。

至此，我们可以对本节作一个简要的总结归纳：所谓的英文歌曲的汉译，实际上指的是英文歌词韵文句子的汉译。汉译时，一要注意原文节奏的传译（如该重复的地方必须重复），二要注意译文句子尾韵的使用（可适当参考原文的用韵），能照原文用韵的就照用，不能照用的就根据汉语自身的用韵要求灵活变通着去用。照此办理，就可保证译文形成语言的"乐流"（或说语言的"音乐"），给人们带来"乐感"，使他们得到音乐美的享受。

第三节 汉语诗歌英译中的文化传译

柯平先生在其编著的《英汉与汉英翻译教程》中，在第三章"翻译的过程"的第二节谈到"韵律"的翻译时，举过李清照的叠字叠韵名句的一个译例。此处不妨将其引述如下。

汉语原文：

寻寻觅觅，冷冷清清，凄凄惨惨戚戚。

英译文（1）：Search, search;

Cold, cold, bare, bare.

Grief, grief; cruel, cruel grief.

英译文（2）：I look for what I miss,

I look for what I miss,

I feel so sad, so drear,

So lonely without cheer. （许渊冲译）

对上述的两个译文，柯平先生自有评价。他对译文（1）的评价是："这种译文几近于对原作开玩笑。"而对译文（2），他的评价是："许译用完整的句子传达作者的悲凉心绪，用双行押韵的方式补偿原诗的叠字叠韵，达到了比较自然的对等效果。"

为了加深读者对诗歌韵律翻译问题的认识，柯先生还举了如下两个英诗汉译的例子，现抄录于此。

（1）英诗原文：

Fair flower/that does/so come/ly grow,

Hid in/this si/lent，dull/retreat,

Untouched/thy hon/ied blos/som blow,

Unseen/thy lit/tle branch/es greet,

No rov/ing foot/shall crush/thee here，

No bus/y hand/provoke/a tear.

[这是美国诗人菲利普·弗瑞诺（Philip Freneau）的抒情诗《野金银花》(*The Wild Honey Suckle*) 里的第一节。]

汉译文：

洁白的 | 花朵，　　开得 | 多俊俏。

躲在 | 绿荫中，　　何等 | 静悄悄。

蜜样花儿 | 喘着气，　有谁 | 知晓？

纤细枝儿 | 在招手，　有谁 | 看到？

那漫游的 | 脚步啊，　可别把你 | 踩碎。

（注：该译文引自1987年"青岛全国翻译理论研讨会"吴稼祥的论文《等值论与诗歌翻译》。）

（2）英诗原文：

The curfew tolls the knell of parting day,
The lowing herd wind slowly o'er the lee.
The plowman homeward plods his weary way,
And leaves the world to darkness and to me.

[注：这是英国诗人葛雷（Thomas Gray）的《墓园挽歌》（*Elegy Written in a Country Churchyard*）中的第一节，因其尤为著名而传诵至今。]

汉译文：

晚钟殷殷响，夕阳已西沉，
群牛呼叫归，迂回走草径。
农人荷锄犁，倦倦回家门，
惟我立旷野，独自对黄昏。

（注：该译文引自1981年《翻译通信》第三期上丰华瞻的论文《译诗与民族化》。丰先生一直认为英诗格律不能移入汉诗。译诗时所用格律要参考译语诗歌传统来考虑。）

对于前面葛雷的这首诗，曾有人完全仿照原诗的韵律，用于5音组对译5音步，押韵形式与原诗一样。为做比较，我们将其照抄如下：

晚钟｜响起来｜一阵阵｜给白昼｜报丧，
牛群｜在草原上｜迂回｜吼声｜起落。
耕地人｜累了｜回家走｜脚步｜踉跄，
把整个｜世界｜给了｜黄昏｜与我。

对于这节诗的两个译文，柯平先生自有评说。首先，他认为原诗描绘了一幅晚钟徐徐，暮色苍茫，诗人独对黄昏的画面，每行为抑扬格5音步，多用音色低沉、音值较长的元音，造成节奏徐缓，感觉凝重的效果，整节诗的内容与形式结合得绝佳。其次，他认为丰华瞻先生在译这节诗时，并不强求译文的音组数与原文的音步数相等（注：谈新诗格律的人和译英语诗歌的人常强调汉语的音组，并以汉语的音组来比拟英语的音步，但实际上英诗的音步绝不等于汉诗的音组，因英诗的音步和汉诗的音组各自产生的效果并不总是一样的，两者之间是绝不能画等号的），他用了6音组句，即将原文的5音步句译成包含着6个音组的两个小句（即每两行包含3个音组）。此外，他也不完全照搬原诗的押韵形式，而是十分注意音组的排列整齐和行与行之间的结构平行。再次，他认为丰先生的这个译文，节拍均匀，既沉郁滞重，又自然谐趣，很好地再现了原诗的气氛。这是译语韵律优势正确发挥的结果，也是对原诗韵律进行再创作的结果。最后，对这节诗的后一个译文，柯先生认为其译者并未考虑译文音组排列的相对整齐和行与行之间的结构平行问题，结果得出的译文节拍不均匀，读起来艰涩拗口，与原诗的趣味相差甚远。

对我们前面引述的弗滞诺的诗句的汉译问题，柯平先生也有精辟的说法。首先，他对原诗作了具体的分析：原诗共6行，每行4音步8音节，反映的是优美喜悦的心情，节奏较快。接着他认为，如果也译成6行汉诗，那么为了传达原诗每行的意义，汉语每行至少会有10个音节（字），且个个重读，念起来会比原诗长得多，结果将使得节奏变慢，原诗的戏谑效果也将受到损失。再接着，他对前述译文的译者及其做法给予了恰当的评价：为了使译文与原诗的节奏快慢相称，译者把原诗每行译成两行，每行两个音组，这样译文速度便加快了一倍，押韵形式仍照原文。虽然各音组中的音节数虽不完全一样，但整节诗有规律地分成3组，每组4行，每组中前两行的结构同后两行平行，形成整齐的节律。柯先生最后的结论是：这首诗的译文是再创原诗韵律的一个典范。

从前面所举的3个中西诗歌互译的实际情况，再结合诗歌翻译家（如丰华瞻等）和一些资深研究人员的分析评论得知，要解决好诗歌韵律翻译的问题，其出路在于对原诗韵律效果的"再创"。"再创"不同于"移植"，它要求译者既要模拟原诗的韵律，以其为本，但又不要勉强求取原诗韵律手段和译文韵律手段的一一对应，而要注意发挥译语韵律的优势，如：

英语有轻重音对比等优势，汉语有音节匀称、合辙押韵、排比对偶和双生叠韵等优势。要争取原诗和译文在整体效果上对等，换句话说，就是要做到使原诗和译文既"异中求同"，又"同中存异"（注："异"主要指它们的形式，"同"主要指它们的内容）。为什么要这样才行？这是由两种不同语言的语义结构，亦即人们不同的思维方式所决定的。吕叔湘先生说得好："不同之语言有不同之音律，欧洲语言同出一系，尚且各有其独特之诗体，以英语与汉语相去之远，其诗体自不能苟且相同。"

既然中西诗歌中的韵律在翻译时通常很难做到一一对应，需要译者进行适当"再创"（主要指表现形式方面），那么在这里，我们可通过对我国著名的诗歌翻译大家许渊冲教授的一些诗歌译例进行分析研究，进而找到我们所要的答案。请看如下译例：

（1）原诗：日照香炉生紫烟，遥看瀑布挂前川。
飞流直下三千尺，疑是银河落九天。（李白《望庐山瀑布》）
译文：The sunlit Censer Peak exhales incense like cloud,
Like an upended stream the cataract sounds loud.
The torrent dashes down three thousand feet from high,
As if the Silver River fell from the blue sky.
注：原诗中第一、第四句押尾韵，译文中变成第一、第二句押尾韵和第三、第四句押尾韵。

（2）原诗：好雨知时节，当春乃发生。
随风潜入夜，润物细无声。

野径云俱黑，江船火独明。

晓看红湿处，花重锦官城。（杜甫《春夜喜雨》）

译文：Good rain knows its time right,

It will fall when comes spring.

With wind it steals in night,

Mute, it moistens each thing.

Over wild lanes dark clouds spreads,

In boat a lantern looms.

Dawn sees saturated reds,

The town's heavy with blooms.

注：原诗中第二、第四、第六、第八句押尾韵，译文中变成了第一与第三句、第二与第四句分别押尾韵，以及第五与第七句、第六与第八句分别押尾韵。

（3）原诗：自是寻春去校迟，不许惆怅怨芳时。

狂风落尽深红色，绿叶成阴子满枝。（杜牧《叹花》）

译文：I regret to be late to seek for blooming spring,

The flowers not in full bloom in years past I've seen.

The strong wind blows down flowers which sway and swing,

The tree will be laden with red fruit and leaves green.

注：原诗中第一、第二、第四句押尾韵，译文中变成第一与第三句、第二与第四句分别押尾韵。

（4）原诗：昔我往矣，杨柳依依。

今我来思，雨雪霏霏。（《诗经·采薇》）

译文：When I left here,

Willows shed tear.

I come back now,

Snow bends the bough.

注：原诗中第一、第二、第三句押尾韵，译文中变成第一与第二句、第三与第四句分别押尾韵。

（5）原诗：龙盘虎踞树层层，势入浮云亦是崩。

一种青山秋草里，路人唯拜汉文陵。（许浑《途经秦始皇墓》）

译文：The dragon coils and tiger crouches amid the trees,

The sky-scraping imperial tomb can't but fall down.

The hills still green with grass when blows the autumn breeze,

But the passers-by worship only the new crown.

注：原诗中第一、第二句押尾韵，第三、第四句未押韵，译文中变成第一与第三句、第二与第四句分别押尾韵。

（6）原诗：向晚意不适，驱车登古原。
夕阳无限好，只是近黄昏。（李商隐《乐游原》）

译文：At dusk my heart is filled with gloom,
I drive my cab to ancient tomb.
The setting sun seems so sublime,
But it is near its dying time.

注：原诗中并无韵律，而译文中变成第一与第二句、第三与第四句分别押尾韵。

在许渊冲教授所译的《唐诗三百首》中，采用像前面这六个译例中对韵律的处理方法的译例还有很多，由于篇幅关系，我们在此就不多作摘引了。

在诗歌翻译中，对其韵律进行"再创"，若从结构语言学的角度来说，是因为中英两种语言在文字结构、词法和句法诸方面有着本质上的差异。若从翻译学角度来看，我们可以知道，在翻译所涉及的内容与形式这一矛盾统一体中，内容（意义）始终是矛盾的主要方面，而形式则是矛盾的次要方面。因此，根据哲学方面的观点，即在矛盾统一体中，矛盾的次要方面是因矛盾的主要方面而存在并为之服务的原则，汉语诗歌英译中的"韵律"不但应为"内容"（意义）而"存在"（或说"使用"），而且还应为"内容"（意义）而采用各种不同的"服务"方式（亦即不同的"再创"或"创新"）。总而言之，在汉语诗歌英译时，译者应在保证原诗内容（意义）不变的前提下，再根据译入语的特点，发挥译入语的优势，尽量在"韵律"（即形式）上"再创"，或说"创新"。只有这样，才能译出"内容"（意义）不变（或基本不变），"韵律"（形式）丰富多彩、灵活多样、让人喜闻乐见的诗文来。生搬硬套原诗中的韵律的做法通常是行不通的，而完全忽视原诗中的韵律，在译文中不要韵律的做法也是不可取的。（特别提示：诗歌中的"韵律"，在本质上只是个"形式"上的东西，是要为诗歌的"内容"而"存在"和"服务"的。）

为了进一步说明汉语诗歌英译中的韵律该如何恰当处理的问题，请大家不妨看一看前面我们所举的译例（4）的另外几种英译文：

① At first, when we set out,
The willows were fresh and green.
Now, when we shall be returning,
The snow will be falling in clouds.

② At first, when we started on our track,
The willows green were growing.
And now, when we think of the journey back,
'Tis raining fast and snowing.

③ When we left home,
The willows were softly swaying.

Now as we turn back,
Snow flakes fly.
④ When I set out so long ago,
Fresh and green was the willow.
When now home ward I go,
There is a heavy snow.

许渊冲教授曾从"音美"和"意美"的角度对上述4个译例的译法做过分析、对比与评论，指出它们各自的优点与不足，我们在此无须再多言。我们只想就这几种译文中的韵律传译问题，说说我们的看法。

首先，若撇开对原诗内容（深层语义）的传译不说，单就对原诗中的韵律的传译来说的话，我们认为其中的译例①、译例②、译例④是值得肯定的，因为它们的译者都注意到了韵律的传译，而其中的译例③则是不可取的，因为它的译者完全忽视了对韵律的考虑。而在译例①、译例②、译例④中，前两者进行过韵律的再创，后者则是按照原诗四句都押韵，是没有进行过"再创"的。尽管在离开内容来谈形式（韵律）的做法是毫无意义的，但在①、②、③、④几个译例都对原诗内容的传译存在不足的情况下，相对而言，注意原诗中韵律的传译（无论有没有进行再创）与忽视原诗中韵律的传译的这两种不同做法，前者是受译家普遍肯定和推崇的，也是深受译文读者喜爱的，而后者则是不可取的，也是译文读者所不喜欢的。当然，最好的做法还是许渊冲教授的做法（参见前面的译例（4）），他在充分保证原诗内容得到正确传译的前提下，也使原诗的形式（韵律）得到了较好的传译，真可谓是达到他所主张的"意美、音美、形美"的"三美"要求和境界了。

前面说了这么多有关诗歌翻译中的韵律问题，无非是要说明为什么要对其进行"再创"的缘由，而许渊冲教授在汉诗英译中究竟是如何进行韵律"再创"的问题，我们还没有清楚地给出答案。根据我们对其所译汉语诗歌许多译文的分析研究，得知其做法主要有如下三种：

第一种，利用修辞学手段，将所译诗句的译文做倒装处理。（如我们前面所举的译例（1）、译例（2）、译例（3）的情况都是如此。）

第二种，根据翻译学的方法论，将原诗的两行诗句做合译处理，使译文在内容上构成一个复合句，但在形式上却分为两行的情况。比如：许先生在译崔护的《题都城南庄》一诗时，对其中的第一、第二句就是这样处理的，此处不妨摘录如下：

原诗：去年今日此门中，人面桃花相映红。
人面不知何处去，桃花依旧笑春风。

译文：In this home on this day last year a pink face vied
In beauty with the pink peach blossom side by side.
I do not know today where the pink face has gone,

In vernal breeze wind still smile pink peach blossoms full blown.

第三种，依据结构语言学的原理，将形式上可这样译出也可那样译出的一个意思（即语义），作适合译者需要的选择。比如：许先生在译白居易的《与梦得沽酒闲饮且约后期》一诗时，就采用了这个做法。

原诗：少时犹不忧生计，老后谁能惜酒钱？
共把十千沽一斗，相看七十欠三年。
闲征雅令穷经史，醉听清吟胜管弦。
更待菊黄家酿熟，共君一醉一陶然。

译文：While young, I was not worried about livelihood,
Old now, how could I grudge money for buying wine?
Let's spend ten thousand coins for a jarful of drink good!
Looking in face, two years more we'll be sixty-nine,
We read and play the drinkers' wager game at leisure,
Drank, we listen to verse better than music light,
When chrysanthemums yellow, may I have the pleasure
To invite you to drink my home-brew with delight?

注：原诗第四句中的"七十欠三年"，若按字面义该译成"three years more we'll be seventy"，但为了使该诗句译文的尾韵能与第二句的译文押同一个韵，许先生就创造性地将之译成"two years more we'll be sixty-nine"了。顺便说一句，译文中的第七、第八两句是采用合译法译出的。

第四节 汉语古代笑话英译中的文化传译

在由卢允中先生翻译、由中国对外翻译出版公司和商务印书馆（香港）有限公司联合出版的《中国历代笑话一百篇》一书中，有许多中国古代的笑话。这些笑话都是用文言文写出，能否对其中一些字、词、句的意思做到正确的理解与把握，对译者来说可是一个不小的挑战。换言之，能否对隐含于文言文中的"语言文化"正确理解和把握，成了能否正确而恰切翻译这些笑话语篇的必要前提。

通观卢允中先生的这一百篇英译文，笔者觉得还是译得挺不错的，其中不乏可圈可点的"闪光点"。在这里，我们不妨通过对其中的十篇笑话及其英译文的深入分析研究，来感受其中"文化传译"的妙趣与韵味。请看下面几篇译例：

一、恨卢郎

卢公暮年丧妻，续弦祝氏甚少艾，然视以非偶，每日攒眉。卢问："汝得非恨我年大耶？"曰："非也。""抑或恨我官卑耶？"曰："非也。"卢曰："然则为何？"祝曰："不恨卢郎年纪大，不恨卢郎官职卑；只恨妾身生太晚，不见卢郎年少时。"

《雅谑》，[明]许自昌撰

译文：A Matter for Regret

The revered Mr Lu, bereft of his spouse in his declining years, took a young woman named Zhu as second wife. Unhappy about the union, Zhu was often seen knitting her brows. One day, Mr Lu asked her:

"Do you regret that you have married an old man?"

"No."

"You're unhappy because my official rank is too low?"

"No, it's not that."

"Then why are you so unhappy?"

"Neither your old age nor your low rank is the cause of my regret. My only regret is that I was born too late to have met you when you were young."

Xu Zichang: Ya xue（*Elegant Banter*）

点评：从词语方面来说，原文中的"公"字之深义，用"revered"一词传译；"丧妻"用"bereft of his spouse"来表达，这些都体现了译者对汉英两种语言文化的谙熟与把握。试想，若将"公"字译为"old"，则很难把其中"尊敬"的深义传译。若把"丧妻"译成"lost his wife"，则很难把其中的客观性和卢公的"无奈之情"传译出来（因该说法多少带些主观性，有点"主动失去"的味道）。

从句子的层面来考察，我们同样可以体会到原译者对两种语言文化的深刻了解与把握。比如，将原文"然视以非偶"句译为"Unhappy about the union"。（注：若在该短语前加上"As she was"，使之变成一个句子，此译法就欠精炼、欠地道了。须知在英语中，人们更喜欢更习惯选择短语，而尽量少用从句。）又比如，将原文"汝得非恨我年大耶？"译为"Do you regret that you have married an old man?"，这可使原文的"我年大"的意思传译得更清楚、更到位。试想，若将之按字面义译为"I am an old man"，则译文中从句的意思与主句的意思就很难做到内在的和谐。

请再看两例：原文中有两个"非也"，原译者把第一个译为"No"，把第二个译为"No, it's not that"，为何会这样？这是译者基于语篇意识考虑所使然，因第二个"非也"是在说了第一个"非也"之后再说的，是"重复"的，故其所包含（或说"传达"）的说话者的语气自然显得更强烈些（注：根据修辞学，重复修辞格的使用是为了表示强调），因此，译者在"No"之后再加上一个起强调作用的句子"it's not that"，是完全必要的，也是非常恰当的。

最后再请看这例：原文中的两个以"不恨"开头的句子，显然也使用了重复修辞手法，是要表示强调作用。如何将这其中的语气范畴的文化内涵在译文中体现出来,这也是对译者的"功力"的考验。原译者用了英语中的"neither...nor..."这一表示强势否定的句式,同样起到了强调的作用,恰到好处地将原文中隐含的文化内涵传译出来了。

二、不死酒

汉武帝时,有贡不死之酒者。东方朔窃饮焉。帝怒,欲杀之。朔曰:"臣所饮,不死酒也,杀臣,臣必不死,臣若死,亦不验。"帝笑而赦之。

《雅谑》,[明]许自昌撰

译文:Elixir of Life

During the reign of Emperor Wu of the Han Dynasty, the articles of tribute received by the imperial court included a jar of wine which was supposed to give the drinker eternal life. It so happened that Dongfang Shuo drank a mouthful of it on the sly. The Emperor was so angry when he learnt about this that he wanted to put Dongfang Shuo to death.

"The wine I drank, Your Majesty," pleaded Dongfang Shuo, "was supposed to give me eternal life, I wouldn't die even if Your Majesty put me to death. If I should die, then the wine is not the genuine stuff it was supposed to be."

The Emperor was so amused that he pardoned Dongfang Shuo.

Xu Zichang: Ya xue (*Elegant Banter*)

点评:先就标题的译法进行分析,初学翻译的人很有可能将其译成"The Wine Which Was Never Dead",这是只知原文字面义,不解其深层义而得出的译文,无法与其后的整篇译文在意义上取得协调和谐的效果,是一种"虽译而实非译"的无用的译文。实际上,这里所谓的"不死酒",显然不是指酒本身之事,而是指"喝了这种酒的人可以长生不死"之意。再者,这种酒也绝非人们日常餐桌上常喝的酒,而是具有一般的酒不具有的特殊功能的酒,是传说中的"得道仙人"经过千辛万苦"炼制"出来的,因此,此种酒是能使喝了它的人"成仙"(即所谓的"长生不老")的"神酒"。原译者正是深刻而准确地理解了原文中这些隐含的文化内涵,这才将其译作"Elixir of Life"。若把这译文反译成汉语,就是"生命的长生不老药"(注:据我们前面所做的分析,其此处的语境义就应是"生命的长生不老药酒"),再简而言之,就是"不死酒"了。当然,若把该标题译成"The Wine Which Was Supposed to Give the Drinker Eternal Life",这在基本语义的传译上是没有什么问题的,但却失去了"Elixir"给人们所带来的神秘感(这也是原文的应有之义),也不如原译"Elixir of Life"那样简洁精炼。与标题的译法不同,在语篇的行文中,原译者则是将"不死之酒",译成了"The wine which was supposed to give the drinker eternal life",这也是根据译学相关理论做出的正确选择,根据语篇上下文意思的制约(或说"需要")而译得的。试想,若把该译文改换成如标题的译文那样,或只把其中的"wine"改成"elixir",整句译文的意思就同样会显得神秘不清，与上下文的意思也无法做到自然贯通。

对"亦不验"一句的翻译，原译者也是花了心思的，是经过深入分析并正确把握其深层真意（即文化内涵）后译得的。重现原译者的分析思路就是：是什么"不验"？自然是那被宣称为"不死酒"的"不验"。而所谓"验"，就是"灵验"，也就是"起作用"，是"有效"，换言之，就是名副其实的、如"贡"酒者所说的可以让人"长生不老"的"不死酒"。原译者正是基于上述的分析与思考，这才得到"…the wine is not the genuine stuff it was supposed to be"这句用词恰切、语义清楚准确的译文。若只简单地按原文的字面义译作"…（或 the wine）is not testified"，其语义就显得模糊不清了。

对原文中最后一句的翻译，原译者在译文词语的选择上也颇见功力。如对其中的"笑"字，选用了"amuse"，而不用"laugh"或"smile"之类的词。为什么？因为汉武帝是被他的爱臣东方朔"逗笑"的。也正因如此，译文中才用了被动语态"was…amused"。若把这句译成"The Emperor laughed（或 burst into laughter）and pardoned him"，这在语法上是没有问题的，在语义上也说得过去，但汉武帝与东方朔之间的那种和谐的君臣关系这一文化信息（或说"隐藏的文化内涵"），就无法得到传译和体现了。

三、病忘

齐有病忘者，行则忘止，卧则忘起。其妻患之，谓曰："闻艾子滑稽多知，能愈膏肓之疾，盍往师之？"其人曰："善。"于是乘马挟弓矢而行。未一舍，内逼，下马而便焉，矢植于土，马系于树。便讫，左顾而睹其矢，曰："危乎！流矢奚自，几乎中予！"左顾而睹其马，喜曰："虽受虚惊，乃得一马。"引辔将旋，忽自践其所遗粪，顿足曰："踏却犬粪，污吾履矣，惜哉！"鞭马，反向归路而行。须臾抵家，徘徊门外曰："此何人居？岂艾夫子所寓邪？"其妻适见之，知其又忘也，骂之。其人怅然曰："娘子素非相识，何故出语伤人？"

《艾子后语》，[明]陆灼撰

译文：Amnesia

There lived in the State of Qi a man who had a very bad memory. While walking, he would forget to stop; while sleeping, he would forget to rise. His wife was very much worried about this and said to him one day:

"I've heard that Master Ai is a very learned man with a glib tongue. He can even bring the dying back to life. Why don't you go and consult him?"

"Good idea!" the man agreed.

So he set out on horseback, bow and arrow in hand. Before he had covered a distance of 30 *li*, he felt a call of nature. He dismounted and, after sticking the arrow into the ground and tying the horse to a tree, crouched down to relieve himself. This done, he stood up and looking to the left caught sight of the arrow.

"Wow!" he cried, "What a narrow escape! I wonder where that stray arrow came from. It nearly hit me."

Then, looking to the right, he saw the horse.

"Well, well!" he said with joy, "Though I've been badly frightened, I'm now rewarded with this windfall of a horse."

Seizing the bridle of the horse, he was about to turn round when he inadvertently stepped on his own excrement. Stamping his foot, he cried:

"Damn! This pile of dog's dung has soiled my shoe. What a pity!"

Whipping his horse, he galloped off in the wrong direction. Not long afterwards, he arrived home. Pacing up and down in front of his own house, he muttered to himself:

"Whose house is this? Can this be the residence of Master Ai?"

At this moment, his wife saw him. Guessing that his memory must have taken leave of him again, she let loose a torrent of abuse. Very much upset, the man complained:

"I've never seen you before in my life. Why hurl insults at me like that, lady?"

Lu Zhuo: Aizi hou yu [*Master Ai*（*Appendix*）]

点评：光从句子层面来看，原文中的"能愈膏肓之疾"一句，为什么原译者会将其译作"He can even bring the dying back to life"呢？这里我们得先从原文中的"膏肓"一词的含义说起。原来在中国古代医学中，把心尖脂肪称为"膏"，把心脏和隔膜之间称作"肓"，并且认为这两处是在给病人治病时药力达不到的地方。既然这两个地方是"药力达不到的"，那么它们若染上了疾病，医者就无法对其实施治疗了，而患者就只能"等死"了，这就是原文句中所谓的"膏肓之疾"，用英语来表述就是"the disease which has attached the vitals which has been beyond cure"。因此，笔者认为原文中此句亦可译作"He can even cure the disease which has attached the vitals（或 which has been beyond cure）"。与原译文相比，从译法上来说，笔者的译文较直接（即仅按字面义译出），而原译文则显得较间接（即用了意译的表述法）；但若从译文所传达的深层意思来说，则原译文显得更直接，而笔者的译文则显得间接些了。尽管两种译法各有千秋，但从对原文深层文化信息的传译方面来考虑，原译文似略胜一筹。再看下面这句译文"Before he had covered a distance of 30 *li*, he felt a call of nature."这是原译者对原文"未一舍，内逼"两句所给出的译文。说实话，对于这两句原文，现代人（或说那些不谙文言文、对汉语古文缺乏了解的人）理解起来是有一定难度的，但原译者却准确将其传译了。究其原因，是因为原译者知道其中的"未"是个动词，其意为"没有完成"或"没有走完"，而"一舍"就是大约三十里的路程（或说距离），是中国古代表示距离或路程的一种说法。另外说说其中的"内逼"，这是中国古代人对"想要大便"的一种比较委婉的表达（注：后人也有说作"内急"的）。试想，原译者要是没有前述的这些知识，他如何能把这些充满中国古代文化元素的句子译好呢？

下面我们不妨对原文中的某些字（或词语）的意思及其译法，再作一些探讨。先以原文中的"曰"字为例，全篇共出现七次，除了有两次将其译为"said"之外，其余的都不是这样译，而是分别将它译为"agreed""cried""muttered"及"complained"，为什么要这样译？这是七个"曰"字所处的具体上下文语境的不同使然，是"曰"所涉及的人和事的不同情况使然。换言之，是原文的语篇文化（如词语的搭配习惯、句子或语段之间的连接手段、句式的选择、修辞的使用等）使然。原译者将原文中的七个"曰"作了不同的译法处理，正是翻译中的语言文化迁移（或"文化传译"）的一个生动具体的体现。

类似的情况还有一些，如：同一个"行"字，在"行则忘止""于是乘马挟弓矢而行"和"反向归路而行"这三个不同的句子中，分别被译成"walking""set out"和"galloped off"。又如，同一个"便"字，在"下马而便焉"与"便讫"中，则分别被译为"…crouched down to relieve himself"和"This"。之所以这样译，都是原文的语境文化在起作用的缘故。

此外，原译者对"乃得一马"句中的"得"字的译法，对"踏却犬粪，污吾履矣"中的"踏却"一词的减译处理，对"反向归路而行"中的"反向归路"意思的传译，以及对"知其又忘也"一句语义的传译，等等，所有这些，也都体现了翻译中"语言文化迁移"的特征。

四、长年术

蒲传正知杭州，有术士请谒，盖年逾九十，而犹有婴儿之色。传正接之甚欢，因访以长年之术。答曰："某术甚简而易行，他无所忌，唯当绝色欲耳。"传正俯思长久，曰："若然，则寿虽千岁何益！"

《谐噱》，[宋] 范正敏撰

译文：Longevity

While Pu Chuanzheng was serving as county magistrate in Hangzhou, a sorcerer begged for an audience. Though over 90 years of age, the sorcerer had the complexion of a baby. Chuanzheng was very glad to see the old man and inquired of him the secret of long life.

"Well," said the sorcerer, "my method is simple and easy to follow. There's no taboo whatsoever. Just keep away from women, that's all."

At this the magistrate meditated for some time and said:

"In that case, what's the use of living to be one thousand years old?"

Fan Zhengmin: Xie jue (*Humourous Stories*)

点评：原文中第一句有"知杭州"之说，其中的"知"是"主管"之意，是文言文用法，故"知杭州"就是"主管杭州""管理杭州"，换言之，也就是"在杭州任知县"。正因如此，原译者才将这第一句译成"While Pu Chuanzheng was serving as county magistrate in Hangzhou"。也许有人会问，把译文改为"While Pu Chanzheng was in charge of /governing Hangzhou"行吗？我们认为，这在语法上是没有问题的，在原文字面意思的传译上也说得过去，但若做深入的分析对比，就可看到其中的微妙区别：原译文给译文读者提供了原文中所隐含的"蒲传正只是杭州这一县级行政机构的主管"（即只是一个小小的七品芝麻官）这个信息，这样更能帮助译文读者理解译文所反映的整个故事，而不致对蒲传正在后面的所言所为感到不可思议。而改译的译文却无法做到这一点，这就是两种译文在是否注意其中的"语言文化信息"传译上的区别。

让我们再对"某术甚简而易行，他无所忌，唯当绝色欲耳"这几句的译法作一些探讨。就原文来说，其中的"某"字和"他"字是理解上的难点，但只要动手查词典，就能知道其中的词义："某"是"被用来代替自己"，故"某术"也就是"自己的做法（或办法）"；"他"则指"另一方面"或"其他方面（或地方）"，故"他无所忌"就是"其他方面没有禁忌"。有了这些了解，我们对原译者将"某术"译为"my method"以及将"他无所忌"译为"There's no taboo whatsoever"的做法就不难理解了。再者，由于该例原文后两句中分别带有表强调的文字（即"他无所"和"唯……耳"），原译者才会在译文中分别用了"no""whatsoever"和"just"这些表强调语气的词语之后，又另加上了"that's all"这个强调句。因此，我们可以说，这个增译句用得好，它是对隐藏于原文字里行间的那些微妙的"语言文化信息"（即强调语气）的恰到好处地传译。

对原语篇标题的译法，我们认为尚可做些改进，译为"The Secret of Longevity"显得更清晰、更恰切一些。是否如此，诸位读者尽可自行判断。

五、双斧劈柴

一人酒色过度而病，医曰："比双斧劈柴也，今后须戒。"妻从旁睨之，医会其意，转口曰："即不能戒色，亦须戒酒。"病者曰："色害胜酒，还宜首戒。"妻曰："先生的话不听，如何得病好？"

《广笑府》，[明]冯梦龙纂

译文：Chopping Wood with Two Axes

A man fell ill for drinking to excess and indulging in sensual pleasures. His doctor told him:

"It's like chopping wood with two axes. You must take care and keep away from alcoholic drinks and women from now on."

On hearing this, the patient's wife looked askance at the doctor. Understanding her meaning look, the doctor hastily modified his remark by saying:

"If you can't subdue your bodily desires altogether, at least stop drinking."

"But bodily desires are more harmful than alcoholic drinks and therefor should be subdued first," said the patient.

At this point his wife chipped in with:

"If you won't take the doctor's advice, how could you expect to get well?"

Feng Menglong: Guang xiao fu (*Treasure House of Anecdotes*)

点评：在此篇中，以下两点是值得特别说说的。一是对原文"此双斧劈柴也，今后须戒"句意的理解与传译。其中前一句隐含着暗喻的修辞手法，后一句则是个省略句式，省去了"戒"字后面的宾语。在汉语语言文化中，它们所要传达给人们的信息已是十分清楚的了。然而，在将它们译成英语时，原译者却分别把它们译成"It's like chopping wood with two axes"和"You must take care and keep away from alcoholic drinks and women from now on"。译文第一句中用了明喻的修辞手法，即用了明喻修辞格的比喻词"like"，从而使译文所传译的意思更清楚了。译文第二句则把原文中所省略的宾语，即"alcoholic drinks and women"，给明确增译出来了，从而使原文中所省略的意思得到了清楚的传译。如若照用暗喻修辞手法来译第一句，即译文中只用暗喻修辞格的比喻词"is"，而译第二句时只用一个表泛指意义的不定代词"them"来替代原译文中的宾语，即译成"keep away from them"或"stop them"，那么，相比之下，它们所传译的意思就不那么到位、那么清楚了。因此，翻译过程中，在对名词和代词的使用作选择时，是有一番讲究的，这值得读者注意。

二是原文中的"戒"字和"色"字的译法问题。纵观整篇译文，前者被译为"keep away from""subdue"或"stop"，后者被译成"sensual pleasures""women"和"bodily desires"。这是因为它们在原文中各自所处的上下文语境或具体的词语搭配不同所致。换言之，是因原文中的语境文化使然。另说一点，此处译文中的"pleasures"[肉体享受；放荡（行为）]和"desires"（欲望；情欲）为什么都用复数形式？这是因为原文中所谈及的"色"和"欲"，都是与一个有妇之夫相关的，也就是说是比较"具体"的。而在译文中要传达这样一种隐藏着的文化信息，在这里就只能用这两个单词的复数形式了。（注：它们单数用时是个抽象名词，表达抽象之义；若用其复数形式时，则表达具体之义。）

六、死后不赊

一乡人，极吝致富，病剧牵延不绝气，哀告妻子曰："我一生苦心贪吝，断绝六亲，今得富足，死后可剥皮卖与皮匠，割肉卖与屠，刮骨卖与漆店。"必欲妻子听从，然后绝气。既死半日，复苏，嘱妻子曰："当今世情浅薄，切不可赊与他。"

《广笑府》，[明]冯梦龙纂

译文：Don't Sell Me on Credit after I Die

A countryman amassed a large fortune out of extreme stinginess. When terminally ill, he piteously confided to his wife:

"I've been a miser all my life, refusing to have anything to do with all my relatives and friends. Now we're quite well off. After I die, you can peel off my skin and sell it to the tanner, cut my flesh and sell it to the butcher, and scrape my bones and sell them to the lacquer shop."

It was not until his wife promised to do his bidding that he finally yielded up the ghost. Half a day later, however, he came back to life and said to his wife:

"The ways of the world are no longer what they used to be. Don't sell on credit, mind you!"

Feng Menglong: Guang xiao fu (Treasure House of Anecdotes)

点评：就该篇译例，我们可以对如下一些词句做一番探析。首先谈谈"我一生苦心贪吝"这个句子的翻译。原译文的译者把它译成了"I've been a miser all my life"，若反译为汉语，则可译为"我一生都是个守财奴（或吝啬鬼）"，这与原文中的说法在字面上有所不同，但实际上它们所包含的深意是一样的，都给人们传达了"吝啬""贪心"的核心语义。正如我们在翻译"他教书教得好"这个句子时，既可译为"He teaches well"，也可译为"He is a good teacher"的道理一样。按照结构语言学的理论，"相同的深层语义"可以用"不同的表现形式"来表达。既然如此，那么我们把这一句照其字面义译出，译成"I've been hard-working, greedy and stingy all my life"这样的句子行吗？诚然，这在语法上是说得过去的，但却不符合英语的习惯用法（注：英语行文喜用名词而不喜用动词）。另外，把两种语义（即褒义与贬义）完全不协调的词语像这样并列到一起来使用的做法，也是极不可取的。

另外一点是"当今世情浅薄"一句的译法。原译者之所以将其译成"The ways of the world are no longer what they used to be"，是由于他吃透了原句中的深层含义，即原句隐含着把"当今"与"过去"做比较的"文化信息"。因此，他的译法就是在进行语言文化传译，其译文是理想的译文。而对初学翻译或翻译理论和实践功底浅薄的人来说，一般就会将此句原文只照其字面义译出，如译成"Now（或 Nowadays）the ways of the world are（或 have been，have become）superficial"之类的句子，而且也许还会沾沾自喜认为自己译得好呢！

再就原文中的某些字词说说我们的看法。比如对"致富"一词，原译者将其译"amassed a large of fortune"。这样就能在深层语义上与"极吝"（extreme stinginess）取得既协调又生动的效果，若换个译法，译成"became rich"，那效果就一般了。又如"哀告"一词，原译者将其译为"piteously confided"（可怜地吐露），这就把"守财奴""吝啬鬼"的可怜巴巴的神态和样子给生动传译出来了，原文实际上要表达的也正是如此。试想，若将其改译成"sadly said"，与原文本意就貌合神离了，因为那是原文作者觉得他"哀"（可怜），而非该"乡人"表现出了"悲哀"的情态。

再比如"六亲"一词，原译者将其译成"all my relatives and friends"，这貌似有点走样了，怎么"亲"居然也成了"友"呢？就是说怎么把"friends"也包括进来了呢？原来，"六亲"较早的说法指父、母、兄、弟、妻、子，后被用来泛指各种亲属。而由此产生的成语"六亲不认",其意则是"形容人没有情义或不讲情面",此处原文中所说的"断绝六亲"则正是此意。因此,原译者在"六亲"的译文中,把看似无关实则密切相关的"friends"也用进来,是再恰当不过的了。

七、难为东道

一僧人,每夏夜赤身坐卧山边,口口念佛,舍身喂蚊,专求作佛。观音大士欲验其诚伪,乃化作一虎,咆哮来山边,欲其舍身食之。道人抽身忙起,大叫曰:"今晚撞见这个大客,这个东道如何做得起?"

《广笑府》,[明]冯梦龙纂

译文：I Can't Afford to Play the Host

A Buddhist monk, given to good works, used to strip himself to the waist and sat or lay naked at the foot of a mountain on summer nights. Chanting the name of Buddha, he fed the mosquitoes with his blood so that one day he might become a Buddha.

Guanyin (A Bodhisattva), to put his sincerity to the test, changed into a tiger and came roaring to the foot of the mountain where he pounced on the monk, who sprang up crying:

"Oh, no. To a giant like you as my guest tonight, I am afraid I can't afford to play the host!"

Feng Menglong: Guang xiao fu (*Treasure House of Anecdotes*)

点评：根据各种宗教的教规,凡信教者都被要求遵守相关教规,而最常见的就是要求信徒们行善积德,庇护众生,如本文中所谈到的一心想成佛的佛教信徒(即信佛教的僧人)所为即是如此。由于原文中没有明确说出此信徒僧人"每夏夜赤身坐卧山边"以"舍身喂蚊"的做法,是他按教规的要求而做的一件"差事",故在译文中用了增译法,增加了"given to good works"这一短语来帮助传译原文中隐含的文化信息。另外要探讨的一点是：原译者为何将"赤身坐卧"译为"used to strip...or lay naked"这个译文,而不是直接将其译成"used to sit or lie naked"。原来,这里同样与佛教教规的"行善积德"有关。试想,若不增加"strip himself to the waist"(光着上身)而单看后面的"naked",岂不给人传递出一种极为不雅的、有失信徒本人体面且又与教规相违的信息了吗？(注；原译者准确把握了"赤身"需分别与"坐"和"卧"相适应,而不该混为一谈的文化信息。)由此可见,译者对隐含于原文字里行间乃至整个大语篇中的那些文化信息的透彻了解与把握,是何等重要和必要啊！

再看如下的译法：译者把"舍身喂蚊"译成"he fed the mosquitoes with his blood",而不是用"body"来译"身"。这是因为原译者具有"透过表象看本质"的慧眼。把"欲验其诚伪"译作"to put his sincerity to the test"这一表目的的状语短语,而不是只按其字面义译成"to test his sincerity and hypocrisy",这在语法上虽然说得过去,但在情理上却很难说通。因为按常理,我们通常只会对某人的

"诚意"做一番试探,却不愿对某人的"虚伪"去进行检验。但经试验得知某人是否真诚,实际上也就知道其是否虚伪了,故按人们的习惯做法,只要检验"真诚"这一面就可以了。因此,我们认为原译文是一个妙译。

八、大丈夫说不

　　一人被其妻殴打,无奈钻在床下,其妻曰:"快出来。"其人曰:"大丈夫说不出去,定不出去。"

(《笑赞》,[明]赵南星撰)

　　译文:When a True Man Says No
To escape being soundly beaten by his wife, a man sought refuge under the bed. His wife shouted:
　"Come out! Quick!"
　"No, I won't," replied the man. "When a true man says no, it's no."

Zhao Nanxing:Xiao zan(Ode to Laughter)

　　点评:译文中的"No, I won't"这句译文,是我们首先要探讨的。据其前一句译文可以判定,或者说若将其反译回去,其意就应是"不,我不出去"。于是问题就来了,原文中并无此说,这是怎么来的呢?原译者为什么要将其增加上去呢?原来是这样的:译者先根据交际语言学理论中的"合作原则",再依照英语的"会话"习惯,这才增加了这句必要的、起强调作用的译文。另一点,也许有读者会问,直接把原文中最后那句译成"The man replied:'When a true man says no, it's no.'"不就得了吗?答案是否定的。原因是在没有前文的"No, I won't"一句作铺垫的情况下,这两句译文中的"no"是无法取得"不出去"的语用义(语境义)的,它们的意思是模糊不清、无法确定的。

　　再说说译文最后一句中的"When",它是原译者深入分析并把握了原文中后两句之间所隐含的语义逻辑关系(注:实存假设或让步关系,此处的"When"意为"如果""要是")之后恰当增加上去的。又如原文中"钻在床下"的译法,也值得一说。初学翻译者可能会将其译成"crawled into the bottom of the bed"之类,乍一看来,是挺不错的,但一经深入考察,就知道其问题所在,这是因为"bottom"通常是没有"内部空间"可供人"钻"或"爬"进去的(如洞穴"hole"那样)。也许有人会说,那么把其中的"into"改为"to"就该可以了吧?说实话,这也不妥,因为原文说的是"钻在床下",是已经躲到床底下面去了,而不是"正在床底下往里面爬"或"正向床底下面爬去"。因此说,还是原译者的译法值得肯定,值得效仿,因为原译文既准确又地道。

九、有钱者生

　　园翁种茄不活,每以为患,因问计于老圃,老圃曰:"每茄苗一株,旁埋铜钱一文,则活矣。"园翁问何故,答曰:"汝不闻有钱者生,无钱者死?"

《广笑府》，[明]冯梦龙纂

译文：No Money, No Life

A certain farmer who had planted brinjals in his farm was constantly worried by the fact that he could not make them grow. Therefore, he sought advice from an old gardener. The latter had this to say：

"Bury a copper coin beside every brinjal seedling you plant. They will grow all right."

Perplexed, the farmer wished to be enlightened.

"Haven't you heard," asked the old gardener, "with money, there is life, without it, death？"

Feng Menglong：Guang xiao fu (*Treasure House of Anecdotes*)

点评：通观原文全篇，得知作者是要通过讲述这个笑话去强调"钱"对"茄"的重要性，进而暗示"钱"对"人"的重要性。基于这样的理解，原译者就将原文标题"有钱者生"译作"No Money, No Life"了。这个译文带有双重强调的作用（一是通过第一个"No"的强烈否定作强调，二是通过重复使用"No"的修辞手段作强调），从而把原文中所隐含的"极端重要"的语气充分传译出来。此外，从翻译学的角度来看，原译者用的是一种反译法，即将原文的"肯定"方式所表达的意思，在译文中用"否定"的方式来传译。之所以用此译法，其目的也是为了对原文中的强烈强调语气进行更好地传译。（注：若将该译文反译，就是"无钱者死"，其语气同样强烈。）请对比一下，若将该标题译成"With Money, There's Life"，那么，原文中所隐含的强调语气的"文化信息"的传译，就无从谈起了，更不要说对那种隐含强烈的强调语气的极为重要的"语言文化信息"的传译了。

原文中开头两句的译法，也充分体现了原译者进行"语言文化信息"传译的深厚功底，如他为了更准确有效地传译其中的隐含信息，不但用了"增译法""合译法"，而且还用上了"反译法"。

十、门上贴道人

一人买门神，误买道人画，贴在门上，妻问曰："门神原是持刀执斧，鬼才惧怕，这忠厚相貌，贴他何用？"夫曰："再莫说起，如今外貌忠厚的，他行出事来，更毒更狠。"

《笑得好二集》，[清]石成金撰

译文：The Picture of a Taoist Priest Pasted on the Front Door

A man who had intended to buy a picture of door-god bought one of a Taoist priest by mistake and pasted it up on the front door.

"A door-god is supposed to hold a sword in one hand and a hatchet in the other," said his wife. "That's why ghosts are afraid of door-gods. This one looks so benign.

What's the use of having his picture pasted there?"

"Don't talk like that," warned her husband. "Nowadays, one who looks benign often acts with vicious intent."

Shi Chengjin: Xiao de hao erji (*It's Good to Laugh, Vol. II*)

点评：首先，原译者出于对中国传统文化中老百姓过年有贴门神习俗的了解，从而把原文中的"门神"译成了"a picture of a door-god"，而没有只按其字面义译为"a door-god"。接着，原译者又借助这一已知信息，再根据英语行文的习惯，把后面接着出现的"道人画"译成了"one of a Taoist priest"，而没有将其译成"a picture of a Taoist priest"，因为，"one"指代的是前文中的"a picture"，从而使前后译文内在意思更连贯。所有这些，都体现了原译者对汉英两种语言和文化的良好把握，否则就很难得出那样恰切得体的译文了。

其次，原译者对原文"门神原是持刀执斧，鬼才惧怕"这两句的译法也是值得深讨一番的。先说对"原是"二字的译法，原译者将其译成"is supposed to"，这就把此句话中的"妻"所怀有的心思和见解清楚地传译出来了。再说说对"持刀执斧"的传译。原译者在正确理解其深意后，将其译为"hold a sword in one hand and a hatchet in the other"，把原文中隐含的语义信息，用增译法将其明白清楚地传译出来了。（注：若仅按字面义，也许会被人译为"to hold a sword and a hatchet"之类的语义模糊不清的译文。）最后说说后一句的译法，为什么要将其译成"That's why ghosts are afraid of door-gods"呢？原来，妻子这话前面一句实际是说"门神是应被画成持刀执斧样子的"，只有这样鬼才会害怕。这样看来，妻子的话前后两句之间似乎有一种"前提条件"与"结论"的语义逻辑关系。但深入分析得知，妻子这两句话之间的关系实际上是一种"因果"关系，后一句是表明结果的，是对前一句话的语义的必要补充。这就是为什么原译者将后一句原文作此译法的缘由。

最后谈一下译文"Nowadays, one who looks benign often acts with vicious intent"中的问题。这里可能有人会问：原文中不是说"更毒更狠"的吗？按理应译成含有英语比较级的短语，如"more vicious"或"more venomous"之类的，这里为什么译成"with vicious intent"了呢？经我们深入分析思考得知，此处如果用前述的比较级短语译出，那么其言下之意就是说，那些外貌看上去不忠厚的人的所作所为就一定都是"狠"的和"毒"的，这显然是难与实际相符的，是不合情理的。那么，对原文中所说的"更"又该作何理解呢？此处应该理解为是作者在把"外貌忠厚"的人的"外表"与"内心"作对比后所说的。也就是说，如今的一些人由于受社会不良环境的影响或主观上的原因，他们表面上装成忠厚老实，以给人错觉，但实际上内心深处却充满阴谋诡计，专门算计别人，更多的是"狠"和"毒"的成分，而不是忠厚老实、与人为善的要素。因此，只要将其译成"with vicious intent"就恰到好处了。经过这样一番分析理解，相信读者对原译者的译法一定会有一个清楚的认识，而对原译者的高明之处以及我们所探讨的"语言文化翻译"的主旨，也许会得到一个新的更为深刻的认识。

第三章 中西语言文化与翻译对比

　　语言是文化的核心，也是承载和传承文化最主要的工具，因此民族的文化特征无不通过民族语言体现出来。翻译虽然直接面对的是两种语言，但它所处理的却是博大精深、相似与差异并存的两种文化，所以了解语言与文化的密切联系使我们不仅能在单语环境下透彻理解语言信息，而且能在双语转换中准确传递信息以完成翻译任务。

第一节 中西语言对比

　　语言是翻译得以进行的媒介，语言是文化的载体和核心，因此了解语言与文化的关系对我们深入认识翻译和做好翻译都大有裨益。

一、主语与主题

　　中国传统哲学主张"天人合一""万物与我为一"，反映在语言上就是施事主体可以蕴含在行为事件的主观表现中。因此在句子构造中，汉语并不把主语看成必要的成分。正如王力所说："就句子结构而论，西洋语言是法治的，中国语言是人治的。法治的不管主语用得着用不着，总要呆板地求句子形式的一律，人治的用得着就用，用不着就不用，只要能使人听懂说话人的意思，就算了。"正因为汉语缺乏主语，语言学家从语言类型学的角度出发，认为汉语是主题显著（topic prominent）的语言。英语是注重主语的语言，造句离不开主语。这是其民族"主客二分"的哲学思维方式在语言中的反映。试译以下这个简单的句子：

A dialect is known by every linguist in this room.

译文1：一种方言被这间屋子里的每一个语言学家所懂得。

译文2：有一种方言这间屋子里的每一个语言学家都懂得。

　　虽然译文1在形式上与英语句子的主谓结构相对应，但并不符合汉语的表达习惯。所以译者应善于将英语的"主语—谓语"结构转换成汉语的"主题—评论"结构。

二、静态与动态

　　英语有一种少用（谓语）动词，或用其他手段表示动作意义的自然倾向；而汉语则有一种多用动词的固有习惯。英语中每个句子只能使用一个限定式动词，唯一例外的形式是并列句动词谓语；而汉语中却存在着"连动式"和"兼语式"，如"他到了火车站发现火车已经开走了",以及紧缩句,如"我们下雨也去",有的句子几乎全句都是动词,如"打得赢就打,打不赢就走,不怕没办法"。

英语的限定动词只能作谓语,而汉语中的动词(动宾词组、主谓词组等)无处不在,不仅可以作谓语,也可以作主语,如"理论联系实际是我们党的优良传统";作宾语,如"鲁迅主张打落水狗";作定语,如"讨论的问题很重要";作状语,如"一定要批判地继承我国的文学艺术遗产";作补语,如"小溪旁那些女人们听得笑起来了"。

汉语中为数不多的介词,大都是从古代汉语动词演变而来,有些还具备动词的一般特点,兼属于介词和动词两类。因此有些语法学家称它们为"半动词""副动词","汉语中的绝大多数的'介词',应该划归动词的范畴。只是入句时,表现了相当于英语介词的作用",如"他在家"中的"在"为动词,而"他在家看书"中的"在"则为介词。

由此可见,英语是"静态"的语言,而汉语则是"动态"的语言。"英语的静态修辞实质是名词优势和介词优势,而介词优势又是名词优势的必然结果。因为名词与名词之间要借助介词来联结。"因此,在英译汉时常常要变"静"为"动",摆脱名词化的框架和大量介词的干扰,突出原文的动态色彩。

三、形合与意合

英语国家沿袭了古代希腊人非常严格和规范的语词系统。古代希腊人认为,语词系统与思维系统是相一致的,要表达一个清晰合理的思想就离不开清晰合理的词形和句法。而在一个毫无条理的陈述结构中,思想肯定也是杂乱无章的,而杂乱无章的思想是没有意义的。英语形合的特征正是在这样一种背景之下形成的。与之相反,中国人重直觉,强调意念流,只要能够达意,词的形式是无关紧要的,词语之间的关系常在不言中,语法意义和逻辑关系常隐藏在字里行间。正所谓"辞,达而已矣"。"小桥流水人家"这句诗中没有一个谓语动词,但其所描绘的画面和包含的意蕴却是回味无穷的。

在不同的语言中,句子内部连接或外部连接几乎都是用三种手段:句法手段、词汇手段和语义手段。用前两种手段连接成为形合(hypotaxis),用后一种手段连接成为意合(parataxis)。英语句法结构重形合,句中各成分的相互结合常用适当的连接词语,以表示其结构关系。汉语句法结构重意合,句中各成分的相互结合多依靠语义的贯通,语境的映衬,少用连接词语。

试比较以下的中英句子:

(1) Even if the monk can run away, his temple cannot run with him.
跑得了和尚,跑不了庙。

(2) Even if I were to be beaten to death, I will not tell.
打死我也不说。

(3) Modesty helps one go forward, whereas conceit makes one lag behind.

谦虚使人进步，骄傲使人落后。
（4）If winter comes, can spring be far behind?
冬天来了，春天还会远吗？
（5）We will not attack unless we are attacked.
人不犯我，我不犯人。

四、树状与竹状

"西文句中名物字，多随举随释，如中文之旁支，后乃遥接前文，足意成句。"（严复）英语句子"多随举随释"，枝杈蔓生，呈树状结构，分叉处有介词、关系代词连接。而汉语按时间顺序或逻辑顺序逐层展开，节节延伸，犹如竹子。英语的词组与词组、句子与句子之间结构关系和逻辑联系必须交代得十分清楚。英语的关系词（包括介词、关系代词、关系副词、连接词等）十分丰富，英语正是靠这些关系词的过渡和连接，从形态上来维系句内和句间的各种关系。因此英语句子结构呈树状，往往有一主干（复合句中的主句或简单句中的某主要成分），主干上枝蔓横生，句子成分随时可加以修饰，而修饰语中的某成分又可被别的成分修饰。由此往往形成长句。

汉语句子结构呈竹节状，逐节（短语或小句）展开。汉语的句子可以在同一施事或主题语之下按逻辑顺序铺陈，虽然小句间有逗号隔开，但语句的联系仍是紧密的。这样，汉译时经常由英语的树状转化为汉语的竹节状。

例　如：The boy, who was crying as if his heart would break, said, when I spoke to him, that he was very hungry because he had had no food for two days.

译文：男孩哭得心都快碎了，当我问及他时，他说饿极了，有两天没吃了。

从上例可看出，英语十分注重句子的形式和结构的完整，上面英语句子主干为 The boy said，但节外生枝，竟有5个从句，用了 who、as if、when、that、because 等多个连接成分，形成一个空间构架，犹如"枝叶繁茂的参天大树"，呈树状。而相应的汉语节节展开，言简意赅，语意连贯，结构紧凑，呈竹状。

第二节　中西思维对比

语言是思维的艺术。不同的思维模式产生出不同的语言。这是人类与动物最根本的区别。而思维模式并非天生的，它是一定地域的人们在长期的劳动实践中，在社会生活的交际中逐渐形成的，它是一种语言文化的反映。而语言文化也借助思维模式不断巩固原有基础，同时，不断吸收外来语言文化，不断创新，使之更加发扬光大。我们见到很多这样的例子：有的中国留学生毕业后留在美国工作，将幼小的孩子（有的两三岁）带到国外，用不了多久这些孩子就能讲出一口地道的英语。同样很多外国人到中国来，也让他们的孩子上中国的幼儿园、小学，时间不长，这些孩子也能讲出一口地道的汉语。所谓地道的英语和汉语，就是说所表达的语言符合中西思维习惯。这除了说明儿童时期是吸收语言的最佳时机外，也说明思维习惯或思维模式是后天形成的，不是与生俱来的。既然如此，我们现在就一起来探讨一下中西思维的差异。

一、思维方式

众所周知，语言和思维存在着密不可分的联系。思维依靠语言，语言也可反映思维。思维是全人类性的，但不同民族对客观外界和主观认识会有不同的思维方式。中西方思维模式的差异，影响到语言的基本结构、用词选句。比如，中国人习惯说"6岁以前"，英语则表示为 under six。又如在时间的先后概念上，英语中用 back 指过去的时间，而用 forward 指称未来的时间，而中国人的思维方式与此相反，用"前"指过去的时间，用"后"指称未来的时间。也就是说中国人是面向着过去来区分时间先后的，而英美人是面向着未来区分时间先后的。类似的例子还有很多。

中国传统哲学以人为本，追求人与自然的和谐，把天、地、人视为一个统一体，即"天人合一"。《易经》提出了有机整体的图式，把自然现象和人事凶吉都纳入阴阳两极所组成的六十四卦系统之中，为中国传统思维奠定了基础。中国传统的有机整体的思维模式使汉民族的思维方式表现出从整体上观察事物的特征。汉民族的主体意识思维从主体的需要和实用出发，以人的伦理道德和审美情趣为标准，以主体介于客体，客体融入主体，所以凡事都有很强的主体参与意识，语言上表现多以"人"作主语，大量使用主动语态。英语民族传统上以自然为认知对象，把自然作探索和征服的对象，因而主客二分，天人对立。西方哲学对自然持尊重客观的态度。这种思维方式必然摆脱主体意向，导致客体意识，以科学认知为基础，由事实判断统摄价值判断，这种哲学观在语言上的体现就是主客观严格区分，大量使用被动句。

翻译离不开语言与思维。在翻译过程中，两种语言与两种思维相互吸引、相互碰撞。学英语的时候，老师经常会叫我们按照英美人的思维方式运用英语，可是什么才是"英美人的思维方式"，什么才是"东方人的思维方式"，这些抽象的概念是难以把握的。

二、逻辑与感悟

在形合与意合一节，我们已经谈到。英语注重运用各种有形的联结手段达到语法形式的完整，其表现形式受逻辑形式支配，句子组织严密，层次井然扣接，以形显义；而汉语在表现形式上受意念引导，看上去概念、判断、推理不严，句子松散。以神统形，要靠读者自己去推理和感悟。如曹操的《龟虽寿》：老骥伏枥，志在千里，烈士暮年，壮心不已。请看以下例子：

让世界了解中国，让中国走向世界。

Let the other people of the rest of the world know China. Let China make close contact with the rest of the world.

从逻辑上讲,"让世界了解中国"应是让世界上其他国家(或人民)了解中国。"让中国走向世界"也只是一种形象的说法,翻译时应按照其语法上的内在逻辑做出调整。

三、客体与主体

中华文化以人本为主,西方文化以物本为主。人本文化以人文为中心,以人生为本位。道家的代表人物老子曾说:"人法地,地法天,天法道,道法自然。"而儒家先哲对世界的认识主要不是出于对自然奥秘的好奇,而是出于对现实社会政治和伦理道德的关注。孔子哲学以"仁""礼"为中心,"仁"寻求人伦关系规范化,"礼"要求社会有序化。先哲们谈论人生哲学的目的是"究天人之际,通古今之变",关心的是人道,而非天道,是人生之理,而非自然之性。这种人本文化的长期积淀便形成了汉民族本体型的思维方式。而物本文化以物本为主体,以自然为本位。西方人偏重于对自然客体的观察与研究。例如,亚里士多德(Aristotle)认为"求知是人类的本性",培根(Bacon)推崇"知识就是力量"。西方人以认知自然为视觉焦点,崇尚自然、认识自然、探索自然,最终征服自然,主宰宇宙。这种物本文化的长期积淀则形成了西方人客体型的思维模式。

因为汉民族强调人与自然的统一,对思维的主体和客体没有严格的区分,所以汉语中常常出现一些自动和他动不分的句子。如"一个房间住三个人"也可以说成"三个人住一个房间",体现了汉语注重意合,主客体之间相互交融。

两种思维方式在语言上表现为:英语多用无生命的名词作主语,主动和被动两个范畴始终泾渭分明;而汉语常以有生命的名词作主语(或潜在的主语),充分地反映了汉民族重主体意识的思维方式。

例如:(1) American education owes a great debt to Thomas Jeffer-son.

译文:托马斯·杰弗孙为美国的教育事业做出了巨大的贡献。

(2) Memoranda were prepared in advance of private meetings on matters to be discussed.

译文:在举行个别交谈之前,我已经就所有要讨论的问题预先拟好了备忘录。

在以上例句中,原文的主语都不是行为的发出者,而在汉语译文中改换或增添主语,这样更符合中西民族的思维逻辑和表达习惯。

四、整体与局部

从意义的表达来看,中国人的传统思维方式总是习惯于整体把握对象,因而汉语具有较高的整体概括性;而英语思维注重细节分析,在对自然社会的思考中往往把整体加以局部性、具体性分解。但是从中西语言的语法系统,即外在形态来看，英语的句子往往是以形来统句，一个句子往往是一个支点，其他的部分围绕着这一支点展开，逻辑关系明确，语法条理清晰，构成一个形态的整体。而汉语则是以意辖界，意尽为界，因此有时为了说明一个事情需要许多独立的句子，这些句子围绕一个意义的支点而阐发，形成一个意义整体。王力先生曾经说过："英国人写文章往往化零为整，而中国人则化整为零。"这是就语言的形态而言，而不是从语言的意义来说的。汉译时要特别注意整体意义的把握以及英语形态的拆零。

（1）The idea of a fish being able to generate electricity strong enough to light small bulbs, even to run electric motors, is almost unbelievable.

译文1：鱼能发出的电量足以点亮小灯泡，甚至能开动马达的想法简直令人难以相信。

译文2：鱼能发电，其电量足以点亮小灯泡，甚至能开动马达，这种想法简直令人难以相信。

分析：原文中的定语很长，译文1不符合汉语习惯，但译文2把该定语化整为零，在汉语中用三句话来翻译，就比较容易被汉语读者所接受了。

（2）The isolation of the rural world because of distance and the lack of transport facilities is compounded by the paucity of the information media.

译文1：由于距离远和交通工具缺乏所造成的农村社会的隔绝由于通信工具的不足而变得更加严重。

译文2：因为距离远，交通工具缺乏，使农村社会与外界隔绝。这种隔绝，由于通信工具的不足，而变得更加严重。

分析：原文是典型的英语整体思维表现方式，句子长。译文1的翻译显然没有顾及汉语重局部的思维习惯，因此对于习惯于汉语思维的人来说，读这样的句子是很费力的。译文2化整为零，较好地体现了汉语重局部的思维方式。

五、抽象与具体

中国人的思维趋向于具象化，而西方人的思维则趋向于抽象化。这种不同的侧重与选择，植根于各自的民族文化土壤。中国传统文化的重要特征之一是"尚象"，而西方文化的重要特征之一是"尚思"。中国人"尚象"的文化传统形成了其偏重具象的思维方式。古代中国人注重"观物取象""立象尽意""设象喻理""取象比类"。形象思维通过自我体验形成心中的意象，采用"意象—联想—想象"来替代"概念—判断—推理"的逻辑论证，以形象反映客观事物，集中表现在"立意于象""妙象尽意""微言尽意""以理言意""书不尽言""言不尽意""得象而忘言，得意而忘象"等经典名言之中。

而西方人"尚思"的文化传统形成了其偏重抽象的思维方式。西方人的思维不像中国人那样在观察、辨物、定性时注重识别、分类、分辨，而是注重形体，特别是解剖，侧重于事物的要素、结构，重定形，而非定性。他们善于从物象的类别中找出该类物象的共项，再进行抽象概括的思维活动，将各类物象的共项归纳起来。

中西文字的演变和发展的历史就是中西方民族形象思维和抽象思维的最好佐证。中国文字是由整体象形文字发展而来的会意文字，有书画共源的特点，其起源的形象是原始图画，经后世演化，逐渐由图画形式改为线条即成为象形文字，凸现简单的物象，有较强的直观性。可以说，汉字的产生和发展是汉民族形象思维的结果。西方民族的文字也是由图形演变而来的，其字母的形成和发展跟汉语的象形文字有很多相似之处，只是由于西方文化的"尚思"传统，主体抽象思维抽走了具体物象的形象，逐渐形成了概括某一类物象的概念符号，不像汉字那么直观形象。因此，西方民族文字的演变与发展跟抽象思维方式有着密切的联系。这种抽象的思维方式直接反映在句子和词汇的使用层面上，表现为英语常用大量的抽象名词来表达实的概念。如"The absence of intelligence is an indication of satisfactory developments."（=No news is good news. 没有消息就是好消息）。

上面例子中的抽象名词 absence、intelligence 和 development 使习惯于形象思维的汉语读者摸不着脑袋，给人一种"虚""暗""泛""隐""曲"的感觉，但对习惯于抽象思维的英美读者来说，则会觉得词义明确，措辞简练。汉语习惯于使用具体形象的词语来表达虚的概念，给人一种"实""明""直""显""象"的感觉。如成语"画饼充饥""望梅止渴"中的"饼"与"饥"，"梅"与"渴"。

需要注意的是，抽象与具体的分类只是相对而言，英语也存在着大量的非常具体的描述，汉语中也不乏抽象的表达。在中英文翻译过程中，抽象与具体是要视特定的情况进行转换的。

试比较以下句子的翻译：

（1）No one is satisfied with his favoritism in his work.

译文1：没有人对他在工作中的偏爱感到满意。

译文2：对他在工作中表现出来的徇私作风谁都感到不满意。

显然，译文2更符合汉语的表达习惯。

（2）Any discourtesy shown to Chinese persons by any official of the Government will be the cause for immediate dismissal.

译文1：任何政府官员对华人的不敬都将构成直接被开除的原因。

译文2：任何政府官员，如果对中国人有任何粗暴行为，必须立即予以开除。

译文1按照原文的结构直译，但是不符合汉语的思维习惯，译文2从"官员"入手，比较符合汉语的语言和思维习惯。

六、正反与虚实

正说与反说的相互转换是翻译实践中极为实用的方法。一般认为，正说就是肯定，反说就是否定。"这样的划分，无疑是太过简单化。不同的民族，在观察一些事物现象时，所取的角度以及思维方式有时极为不同，况且，许多事物都具有对立面，往往此一方面不好描述时，换一个角度从另外一方面描述则更贴切。所以，在英语中从正面来说的，可能在汉语中要从反面来叙述更加恰当，有些时候英语的反说可能要处理为汉语的正说才符合习惯。"请看下面的译例：

（1）I have read your articles. But I expect to meet an elder man.

原译：我读过你的文章，我料想会见到一个年纪更大的人。

改译：我读过你的文章，但没料想你会这样年轻。

分析：比较两种译文不难看到，如果机械地套用"正译"，就会造成译文后半部分语义不清，"改译"时用反面着笔并加以相应的转换，得到的译文更加通顺达意。这就是"正说反译"的一个很好的例证。

（2）A seaman knows that the sea is all-powerful and can, under certain circumstances, destroy man and the product of his brain and hand the ship.

译文：水手们都知道，大海的威力是势不可挡的；在某些情况下，它能把人及人所制造的船只统统摧毁掉。（正说反译）

分析：句中 the sea is all-powerful 如果用肯定说法直译"大海是最强大的"，便显得很肤浅，没有从深层理解原文，远不如上面的否定说法那样生动而能感染读者。

（3）"Mine! Mine!" They would shout at the pretty rainbows that are down to the earth, seeming never very far away.

译文：他们会冲着那从天际弯弯地挂向地面的，看来好像伸手可及的美丽彩虹大声呼喊："哎呀！哎呀！"（反说正译）

分析：句中 never very far away 若直译为"离得不太远"就很不深刻，欠缺文采，远不如"伸手可及"形象鲜明。

需要注意的是，正说反译和反说正译并不是放之四海而皆准的，请看下面的例子：

（4）He was not displeased with her honesty…it took a certain amount of experience in life，and courage to want to do it quite that way.

译文1：他倒是喜欢她这么直来直去……有点生活经验又有点胆量的人才敢这么做。

译文2：他对于她的直率没有感到不快……有点生活经验又有点胆量的人才敢这么做。

分析：译文1用肯定的方式"倒是喜欢"来翻译原文中的双重否定 was not displeased，不如译文2保持了原文的形式。无论在英语还是汉语中，双重否定的说法并不等于完全的肯定，not displeased 不等于 pleased，"喜欢"也不等于"没有不开心"。原文之所以不用 was pleased 而用 not displeased，作者的意思不仅仅是在玩弄辞藻，而是要表达出"这样的直率是可能令人不快的，但他却并没有感到不快"的意思。

所谓"虚"与"实"并非指虚词与实词。虚实转换是指词汇的抽象概念与具体意义的相互转换。西方的抽象思维和东方的具象思维是两种不同的思维方式，它们在语言表达上往往导致两种不同的用词习惯。前者多用表示抽象概念的词语描述事物、阐述事理；后者却常用表示具体概念的词语描写事物、阐述道理。因此，中西翻译过程中常需要进行词语虚实意义的相互转换，使原文内容实质在流畅自然的译文中确切充分地再现出来。请看下面的例子：

（5）Wisdom prepares for the worst;but folly leaves the worst for the day it comes.

译文：聪明人防患于未然，愚蠢者临渴掘井。

分析：抽象名词 wisdom、folly 对于习惯于抽象思维的英美读者来说，词义明确，措辞简练；但对于习惯于具象思维的中国读者来说，将这些抽象名词所表达的抽象概念具体化，才符合汉语读者的思维习惯和汉语遣词造句的行文习惯。

（6）Because of the circuitous and directional flow of waterways, railways often have energy advantage over barges.

译文1：由于水流的弯曲和具有方向性，铁路比驳船更具有节能优势。

译文2：由于河道迂回曲折且水流具有方向性，铁路运输对于水运而言，常常具有节能优势。

分析：原文的 railways 和 barges 只是一种虚化的概念，对于中国读者而言，译文1可能会因为缺乏逻辑的连贯性而难以理解，而译文2将两个概念落实到两种运输方式，则较为容易理解，逻辑连贯性更强。

七、褒贬与曲直

英语和汉语中都存在着对一个事物的褒贬态度，但问题是，许多场合中，褒贬的含义并不能从字面或词汇本身中看出来，往往要通过上下文来决定，翻译时要尽量正确理解原文，表现真实的含义。请看下面的例句：

（1）The irony is that Mrs. Gandhi presides over a nation with a highly promising long-term potential but which is saddled with equally difficult current problems.

译文1：具有讽刺意味的是，甘地夫人掌管的国家，从长远的观点来看，是一个大有希望的国家，但在目前却具有难以克服的困难。

译文2：颇为耐人寻味的是，从长远的观点来看，甘地夫人掌管的国家是大有希望的，但目前却有着难以克服的困难。

分析：通读全句，这里的 irony 并没有"具有讽刺意味的"含义，也不能翻译为"嘲弄的人"。

（2）She was vexed by the persistent ringing of the phone.

译文1：她被执着的电话铃声搞得心烦意乱。

译文2：她被没完没了的电话铃声搞得心烦意乱。

分析：这里的 persistent 根据句子的意思明显带有贬义，所以，译为"没完没了"更为妥帖。

(3) All the inventors have a restless mind.

译文1：所有的发明家都生性好动。

译文2：所有的发明家都有一个思想活跃的头脑。

分析：restless 字面上没有明显表露出褒义或贬义，因此我们必须通过原句的意思，发掘句中词语的感情色彩，从而忠实地翻译出来。

八、直率与含蓄

西方人喜外露，中国人喜含蓄。英语经常表态在前，叙事在后；汉语则相反。中英对译时，信息重心常需做前后调整。请看下面的句子：

(1) I am very happy to receive your message of greetings.

译文：接到你的贺信，我十分高兴。

(2) The two sides found it beneficial to have this opportunity to present to one another their views on a variety of issues.

译文：现在有机会互相介绍彼此对各种问题的观点。对此，双方认为是有利的。

第三节 中西词汇、句式文化与翻译对比

一、中西词语比较分析

任何语言的词语意义都处在"特定的语义构成环境"的参照框架之下，其中包括民族历史文化、心理和观念形态、社会和经济形态以及自然环境。这些因素对语义形成一般具有以下的成因：一是反映式的，即语义产生的对于客体的直接反映，包括大量具有民族特征的神物、器具、服饰、食物、山川、地理等有形的观念以及社会心理、道德、伦理、典章制度等无形的观念，如英语中的 cheese（奶酪）、fire-place（壁炉）、parliament（议会）等；汉语的芦笙（lusheng）、景泰蓝（cloisonne）、熊猫（panda）等。二是折射式的，即语义产生对于客体的间接反映，如英语中的 vealy（幼稚的，语义来自 veal 即小牛、小牛肉）、claim one's pound of flesh（逼债，语出莎士比亚）；汉语中的铁饭碗（a secured job）、饭桶（fathead）等。

"I am a young teacher with no experience as a parent, but have a suggestion for parents."说这句话的人可以是男的，也可以是女的；但在汉语中，说话的人则通常是根据自己的性别说明"没有做父亲"或"没有做母亲"的经验，只是在泛指的场合才说"做父母的经验"。英语一向被认为是一种适应性、可塑性较强的

语言。英语中有一句话:"词本无义,义随人生。"(Words do not have meanings; people have meanings for words.)霍尔(Robert A. Hall)在谈到英语词义时说:"人们在特定情况下赋予一个词的任何词义,理所当然地就是这个词的实际词义。"(Any meaning people give to a word is automatically its real meaning under those circumstances.)只要出于自然,无须词典来认可,也没有什么真伪好坏之分,有一切取决于"听者的感情态度","语言应当听其自然"。

汉语不同于英语。汉语源远流长,有其特殊的民族文化和历史传统,用词讲求词义精确、规范、严谨。孔子在公元前479年就提出了"正名"的主张。墨子在《小取》中说:"焉摹略万物之然,论求群言之比。以名举实,以辞抒意,以说出故。"墨子主张名与实必须一致,反对词义游移迭变,莫衷一是。荀子在《正名》中提出了著名的"约定俗成"论,主张正名言实,力倡词义的规范化、社会化。汉语词义的严谨、精确、稳定,实与历代各家所做得规范工作有很大的关系。但由于汉语词义比较固定,往往流于执着、凝滞,确实给翻译带来一定的困难,故而严复有"一名之立,旬月踯躅"之慨。

英语词义灵活,突出地表现为一词多义(polysemy)。英语的词义在很大程度上视词的联立关系而定。词的联立关系不同,词的含义也就不同。而就整体而言,汉语同一个词的词义在不同的上下文中的差别就比较小,一词多义现象远不及英语。例如英语 story 这个词,汉语的词义是"故事"。"故事"在现代汉语中是个单义词,而现代英语的 story 在不同的上下文中可以有许多不同的词义。

(1)具有"事件""事情""情况""情形"等义。

例如:This war is becoming the most important story of this genera-tion.

译文:这场战争似已成为这一代人的最重大的事件。

例如:It is quite another story now.

译文:现在情形完全不同了。

(2)具有"报道""消息""电讯"等义。

例　如:Last December, the *Post* first reported that probes were being made in each of those cities, but officials refused to confirm the story.

译文:去年12月,《邮报》首先报道侦查工作已在那些城市里进行,但官员们拒绝证实这条消息。

(3)具有"内容""内情""真相"等。

例如:Some reporters who were not included in the session broke the story.

译文:有些没有参加那次会议的记者把内情捅出去了。

(4)具有"传说""说法"等义。

例如:He'll be very happy if that story holds up.

译文:如果这一说法当真,那他就太高兴了。

(5)具有"热门""有意的渲染""谎言"等义。

例　如:The story about him became smaller and by and by faded out from the

American television.

译文：报道中对他的渲染减少了，不久就从美国电视上销声匿迹了。

（6）具有"身世""遭遇"等义。

例如：The Rita Hayworth's story is one of the saddest.

译文：丽泰·海华丝的遭遇算最惨的了。

（7）具有"情节""案情"等义。

例如：A young man came to Scott's office with a story.

译文：一个年轻人来到斯科特的办公室报案。

以上还不能涵盖 story 这个词在当代英语中常用的全部词义，因为新义是层出不穷的。相比之下，汉语的词义就稳定得多，含义也窄得多。由此可见，词义辨析是中西翻译的基本功，也是翻译理论的基本课题之一，如何辨析词义是翻译工作者最常面临的难题。

然而，人类生活在共同的、大体一致的生态环境和历史环境中，人类的感官功能、基本心理过程和思维结构是大体一致的。因此，在语言的"特定语义构成环境"参照以外，还有一个更广泛的共同的"一般语义构成环境"。因此，奈达坚持认为，各种语言具有等同的表达力。"一种语言所能表达的事情，必然能用另一种语言来表达。"人类的共同性多于差异性，在人类经验和表达方式中，都存在一种"共核"（common core）。他列举了翻译中如何能找到同义语的大量事实，以论证自己的观点。其中最著名的例子，要算是处理"white as snow"（白如雪，雪白）这一英语短语了。世界上有的地方一年到头不下雪，人们也从未见过雪，语言中也没有"雪"这个词，如果照字面直译，就会形成奈达所说的"零位信息"（zero message），毫无意义。在这种情况下，奈达提出了三种解决办法：

（1）如果那儿的人们没有见过雪，语言中也没有"雪"这个词，但也许他们那儿有霜，就可以用"霜"来表示"雪"的意思。这样，就可以译成"white as frost"；

（2）各种语言之中往往有一些相应的习惯用语，如"白如白鹭毛""白如蘑菇"等，尽管其来源不一样，但其引申意义和喻义是相同或相似的。这样，就可用目的语中相应的俗语来翻译；

（3）如果在目的语中没有相应的俗语，那么就可译成"很白"或"非常白"。奈达最常用的例子是英语"spring up like mushrooms"。他认为，译成汉语时，完全可以用汉语中的"如雨后春笋"来替代。

上面我们从宏观的角度对英语和汉语的语义特征作了简要的介绍和对比，这些特征和异同将给翻译实践提供原则性指导。从微观上，我们可以将中英语义之间关系分为以下几种形式：

（一）对应式

无论汉语或英语，都处在基本的、共同的"一般语义构成环境"中。因此，词汇中的绝大多数，都可以在双语（及多语）中找到对应体。在当今社会，不同民族间的交往越来越深入、频繁，这不仅使不同民族的相互理解不断加深，也使得语言之间的对应式转换具有越来越大的可能性。翻开任何一本汉英字典都可以发现大量的汉英对应体：男子气→ manliness，盘香→ incense coil，旁白→ aside，等等。对应式也称为契合式。

（二）涵盖式

具有此类语义关系的词语亦称为文化含义词，即该词所指的事物或概念在对方语言中是有的，只不过在词义的宽窄方面不完全重合，也就是说只有某种程度的对等。不重合、不对等的部分有大也有小，于是造成了对方的词汇空缺。这种不重合、不对等的情况大都是由各自社会文化对客观事物和概念的不同切分而造成的。就汉语来说，最为典型的，莫过于亲属词的不重合。这种分类与称谓的不同，是由于中国和英美国家的社会文化不同造成的。中国拥有几千年的封建宗法社会历史，特别重视家庭成员关系，长幼有序，尊卑有别，而英美国家要么封建宗法社会历史比中国短得多，要么根本就没有这种历史关系。由于这种切分归类的不同从而造成词汇意义的不对等，构成了词汇空缺。

（三）替代式

替代式也可以称为"易词而译"，即双语语义一致，但表达上变通；也就是说，为力求获得语义上一致，必须放弃表面上的对应，以避免望文生义的错误。汉英之间处于替代式语义关系的词语很多。比如"妻舅"的表面意义是"wife's uncle"，而实际上，应该是"wife's brother（或 brother-in-law）"。这时如果不放弃表面上的语义关系，就会造成"望文生义"。这种"字面相应，语义相悖"关系的词语必须代之以表达同一所指的替代词语，如在古汉语中"青天"并不是"blue sky"而是"刚正不阿的判官（或官员）"，即"upright and impartial judge/official"。有时语义还涉及褒贬色彩，这时也不能只看字面关系，造成貌合神离。如"lock the stable after the horse is stolen"与"亡羊补牢"表面上对应，但前者的意义是消极的，而后者的意义是积极的。

（四）冲突式

冲突式也被称为"语义相悖"。所谓"冲突"指原语中的所指在译语中缺少能指。具有此类语义关系的词汇亦称为"文化词语"（culture terms），因为文化词语所指的是某个民族特有的事物或概念，而对方的语言文化中并无对等词，因此一般采用借用等方法直接植入本国语。其具体译法可归纳为以下五种：

1. 全借用法

如英语中的 garage、reservoir、detente 等借自法语；pizza、soprano、scherzo 等借自意大利语；plaza、peso、llama 等借自西班牙语；而 blitz-kreig、 weltschmerz、zeitbeist 等则借自德语。此类借用法多见于同一语系的语言之间。

2. 半借用法

如英语中 serenade 借自法语，保留法语拼写 senerade，但读音已经英语化；comrade 借自西班牙语 comarada，拼写与读音都略做改动，使之英语化；cartoon 借自意大利语 cartone，拼写和读音略做改变，使之英语化；而 quartz 则借自德语 quarz，拼写与读音略做改变，使之英语化。这种半借用式多见于同一个语系之间，中英语之间还未见到例子。

3. 音译

非同语系之间的文化词语，在没有创造出合适的新词之前，一般都采用音译的办法，如英语已吸收了汉语的 kaolin（高岭土）、chopsuey（炒杂碎）、kowtow（磕头）、kung fu（功夫）等词语，而汉语中来自英语的音译借词也比比皆是，如沙发、三明治、咖啡、吉普、夹克、芭蕾等。

4. 半音译

由两个以上语素或两个词构成的合成词或复合词，可以一部分采用音译，一部分采用意译而构成半音译借词。如 tea house 来自汉语茶馆，其中 tea 为音译，而 house 为意译；而汉语中"迷你裙"则来自英语 mini skirt，"迷你"是音译，"裙"是意译。

5. 仿译

合成词或复合词可以采取按构成结构全部译意的办法借用。如汉语中的"蜜月"来自 honeymoon，"营火"来自 campfire，"蓝领"来自 blue collar，"篮球"来自 basketball，"黑板"来自 blackboard，"超人"来自 superman；而英语的 bean curd 来自汉语"豆腐"，lose face 来自汉语"丢脸"，paper tiger 来自汉语"纸老虎"，responsibility system 来自汉语"责任制"。

以上谈到的五种双语的语义关系，广泛分布在词和词组里。在中西翻译中，对词义的判断和对译词的推敲使翻译活动更加复杂，要求我们在双语转换中进行细心分析，以决定对策。

二、中西词汇翻译策略

词汇直接反映社会生活，词汇与语言文化和社会历史背景有着密切的关系。无论在英语中，还是在汉语中，都有不少文化特色浓郁的词语。特别是在许多成语、谚语、俚语、方言中，文化内涵尤其丰富。根据对文化因素结构和意义的归类，可以将文化词语的翻译方法归纳为如下几种：

（一）移植法

一般说来，带有异域文化特色的表达方式往往都是形象化语言。中西之间文化的差异往往体现为对于相同的形象具有不同的联想意义。保留住原文的形象化语言，就等于为中国读者保留下了解英美语言文化的机会。同时，新鲜形象的不断引入，也有利于提高汉文化对异域文化的解释和消化能力。因此，对于英语中文化内涵丰富的词语应尽量采取保留形象的移植译法，使之成为汉语中的"新鲜血液"。例如："Wine was thicker than blood to the Mondavi brothers, who feuded bitterly over control of the family business—Charles Krug Winery." 英语中有一个谚语，叫"Blood is thicker than water"（血浓于水），意思是说"亲人总比外人亲"。显然，上句话中的"Wine was thicker than blood"是对该谚语的变体，意思是说，那兄弟俩把"酒"（酒厂）看得比"血"（手足之情）还重，结果反目成仇。用简单的"忘了手足情谊"来传译这一形象语言，读者自然体会不到原文精妙的文化内涵。所以最好将这句话译为"对于蒙特维兄弟来说酒浓于血，他们为争夺查尔斯·库勒格酿酒厂这份家业而斗得不可开交。"这种移植译法，说白了就是以前常说的直译法。不过，由于中英两种语言在文化上的差异，有时仅仅采用直译法还不能完全达意，必须进行一定的增补。另外，译者在采用移植法的时候还要注意吃透原文的意思，表达时切忌生搬硬套，以免引起歧义。例如："I am glad for my own sake, that he is not so black as he is painted."（我为自己感到高兴，他并不像画的那么黑。）"not so black as he is painted"是一个英语成语，意思是"不像传说的那样坏"。"他并不像画的那样黑"是对 he is not so black as he is painted 的机械死译，这句话应该译作"我为自己感到高兴，他并不像人们说的那么坏"。

（二）意译法

英语中有些富有文化特色的表达方式，由于中西语言文化的差异，不宜采取移植法，而只能采取意译法。意译忽视原词语所强调的文化，但可以排除理解上的难题。不过，意译不可能像直译那样简练而且忠实于原文。由于失去了原文的风格，译语也没有原文生动、形象。例如："She played the role of Mercury of the two lover."（她是这对恋人的墨丘利神。）墨丘利神是希腊神话中的女神，她行动快如风并且经常为众神们送去信息。但多数中国人不知道"墨丘利神"。所以译者必须舍弃其形式，将这句话译为"她是那对恋人的传书信使"。英语中有些词语本来含有丰富的文化内涵，但随着时间的推移，渐渐演变成了一般性词语。我们在翻译这样的词语时，不必过于"认真"地去移植，免得犯"画蛇添足"的错误。例如："He is a frugal man; the furnishings of his home are truly Spartan."（他非常俭朴，家中的陈设也像斯巴达人那样简陋。）根据词典的释义，Spartan 作为形容词，大致有两个意思，一是其本意，"（古希腊）斯巴达的，跟斯巴达有关的"；二是其延伸意义，"俭朴，节俭，杜绝安逸奢侈；严于律己；举止严肃；言语简洁；刚强无畏"。上面例句中的"他"是个现代人，自然跟斯巴达人没有什么直接的联系，因此我们只能取其延伸意义。既然是延伸意义，就没有必要把斯巴达人扯进去，说什么"像斯巴达人那样简陋"，如今的人谁能想象斯巴达人是怎样简陋呢？这句话中的"truly Spartan"，其实就是"truly simple"的意思。因此全句话还是这样翻译为好:"他非常俭朴,家中的陈设真是简陋"。

(三)借用法

所谓借用法,就是借用汉语现成的俗语来传译英语的俗语。这种译法主要用于两种情况:一是英语中有不少表达方式在意思和形象上同汉语的表达方式非常相近,我们完全可以采取"拿来主义"的办法,用这些相似或相近的汉语现成表达方式来传译。例如:to burn one's boats 破釜沉舟;knowing something the palm or the back of one's hand 了如指掌;Man proposes, God disposes. 谋事在人,成事在天;Facts speak louder than words. 事实胜于雄辩。这些英语习语跟后面的汉语习语可谓"形同意同",将它们拿来互译,可说是形神皆备,通顺流畅。二是英语中有许多表达方式虽然在汉语中找不到"形同意同"的对等表达方式,但却可以找到"形不同而意同"的表达方式,这时也可以借用这些现成的表达方式来传译。例如:a flash in the pan 昙花一现;have one foot in the grave 风烛残年;at the end of one's rope 山穷水尽;The spirit is willing but the flesh is weak. 心有余而力不足。不过译者采取借用法的时候,有一点需要警惕:有的英语习惯说法同汉语的一些习惯说法,在形式上非常相似,但它们只是"形似而意不似",若生搬硬套,就会弄巧成拙。如:pull one's leg 跟汉语的"拖后腿"并不对等,而是"跟某人开玩笑,取笑(或愚弄)某人"的意思;eat one's words 并不是汉语的"食言",而是"(被迫)收回前言,承认错误";英语中表示"中性"感情色彩的 Self do, self take, 跟汉语带有贬义意味的"自作自受"并不对等,还是译作"自己做事,自己承担"为好。中西之间类似这种"貌合神离"的例子举不胜举,译者一定要小心谨慎,切莫被表面现象所迷惑。

(四)注释法

注释法是一种特殊的翻译方法,为了准确地把原文词语中的文化味在译语中体现出来并消除理解上的困难,译者通常把它与移植法加在一起使用。因此,这种译法既保留了原文的风格,又保留了原文的意思。

例 如:Like a hair shirt or a bed of nails, the more one hates it, the more virtuous it makes one feel.

译文:就像穿钢毛衬衣、睡钉子床一样,你越是不喜欢,就越觉得自己品行高尚。(注:钢毛衬衣、钉子床,是苦行者或忏悔者用来磨炼自己的两种工具。)

译者采用移植手法来传译 hair shirt 和 bed of nails,并在后面加了注释,中国读者读后就会知道,西方人将钢毛衬衣和钉子床用作磨炼自己的工具。无疑,这样的译法会对目的语读者产生"益智"的作用,但翻译时加注总是不得已之事。一篇文章如果注解多了,会失去流畅之感,读起来往往不痛快。但有的文化词只有在译者补充出历史背景和典故出处后,其意义才能为读者所理解,所以译者有时必须酌情考虑利用注释法使其含义充分表达出来。有的典故初次向国外介绍时,必须依靠注释的帮助,等流传开后,大家都懂了,注释也就不需要了。

（五）省略法

有些文化词语在译语中往往找不到替代词，而用移植和注释法要大费周折，这时可用一个概括性的词语一带而过，把那些难以处理的词语统统省去。

例如：Higgins（Hearing in it the voice of God, rebuking him for his Pharisaic want of charity to the poor girl）

译文：息金斯（钟声使他醒悟，觉得他自己对穷人冷冰冰的伪君子态度是不对的）

译文中省去"the voice of God"和"Pharisaic want"两个形象。the voice of God 的意义蕴含在"醒悟"里；在"Pharisaic want"中"Pharisaic"指犹太法利赛教派，他们经常伪装虔诚，译文让这一意义蕴含在"对穷人冷冰冰的伪君子"里。

（六）功能替代法

词、词组、表达法的语用意义是深厚的，同时也具有鲜明的社会文化色彩，特别是在制度习俗文化中更为如此，问候、告别、婚礼、葬礼、穿衣、饮食、出行等方面各民族都具有不同于其他民族的形式和内容。由于语用意义不同而形成的文化词语，大多数情况下采用功能替代法翻译。综上所述，语言是传达文化信息的，因而往往会有本民族的文化色彩。翻译这样的词语时，应该本着一个总的原则：一方面要尽可能传达源语的文化特色，另一方面又不逾越译语文化和译语读者可接受的限度。不同语言有其不同的特点和形式，它们根植于不同的文化，翻译时必须灵活运用各种技巧，最终达到忠实表达原作风格和内容的目的。

（七）其他文化词语翻译方法

1. 翻译着眼于揭示背景、介绍习俗及阐释典故

例1：redshirt 美国大学中在体育方面有发展前途的学生

a scramble for redshirts 争先恐后地网罗那些在体育方面有发展前途的学生

例2：mascot 使……旗开得胜的吉祥物或福星（足球赛等开赛前常有着奇装异服者即 mascot 在场上出现，以示福星降临。可用于比喻用法。）

That time the mascot was on Kennedy's side. 那一次，肯尼迪头上福星高照。

例3：pumpkin-eater 养不活老婆的人（出自童谣：Peter, Peter, pumpkin-eater, had a wife and couldn't keep her.）

例4：swan song 辞世之作、归天之作（典出西方古代传说：天鹅发出美妙歌声以终弥留。）

2. 只译出含义，不译出专有名词本身

例1：Waterloo 惨败（滑铁卢，比利时地名。指1815年拿破仑军队在该地之大败。）

the superstar's Waterloo 超级明星的惨败

例2：Naderism 用户第一主义、保护用户主义（consumerism 的同义语，语出人名 Ralph Nader，拉尔夫·纳德，美国律师，是"保护用户利益"这一主张的提出者。）

3. 既将专有名词音译，又将该词的含义注释于后

例1：Malthusianism 马尔萨斯人口论

例2：Sapphic（古希腊抒情女诗人）萨福诗体的

4. 音译全名

例1：Orwellian 奥威尔式（语出人名 George Orwell，乔治·奥威尔，英国作家，指奥威尔式的讽刺。）

例2：Byzantine 拜占庭式（语出 the Byzantine Empire，含义是繁缛庞杂。）

a Byzantine scheme 拜占庭式的阴谋诡计

例3：rococo 洛可可式（指18世纪欧洲建筑的实用艺术的一种风格，其特点是浮华、纤巧、精于雕琢）

a rococo piece of art 洛可可式的艺术品

三、中西句式中的文化翻译对比

中西句子结构的差异和表达习惯的不同，反映了东西方两个民族思维方式和文化心理结构的不同。因此，在翻译过程中，需要按照译入语民族思维方式的特点，调整语句结构，使之符合译入语民族的表达方式。

（1）A man is known by the company he keeps.

译文：近朱者赤，近墨者黑。

对比与评析：若按原文词面义译出，就是"根据一个人所交的朋友就可以了解这个人"。从人的认知思维角度来看，中西两个民族的思维和推理方式是相同的。但从原文和译文的表达方式来看，原文用的是直陈式，译文用的则是比拟式，具体来说就是"拟物式"，即把人当中的"好人"比作"朱"，而把"坏人"比作"墨"。（注：另一说法不同的译文也表示同样的意思，即"He that lies down with dogs must get up with fleas."该句的直译义为"与狗睡在一起的人身上必定有跳蚤"，但其意译义则是"近朱者赤，近墨者黑"。刘宓庆先生把这样的译法称为"替代"，即"易词而译"，而把通过这种方式译得的译文称作"替代式"译文。）

（2）We are expecting company next week.

译文：我们下星期要请客。

对比与评析：动词"expect"有"期待；预期；盼望"之意。原文中的动宾结构"are expecting company"的词面义即为"在期待宾客"（此处选"company"的"客人"词义），其表达方式比较含蓄；而汉语译文则说是"要请客"，其表达方式比较直白，这就是此译例反映出来的中西语言的相异之点。在这里需另

加说明的一点是，英语中的"be expecting"有"怀孕"之意，如说"His wife was expecting."其意是说"他的妻子当时正怀孕"。但我们评析的译例，当然不可能把其中的"are expecting"作"怀孕"解了，因为无论从译例原文句子的主语角度来分析，还是从句子的宾语角度来判断，都表明它不可能是"怀孕"之意，它只是一个起将来时语法作用的一般现在进行时，其在句中的语义可译为"要请"。

（3）We are requesting the pleasure of your company at dinner.

译文：敬备薄酌，恭候光临。

对比与评析：英语原文的词面义是说"我们恳求宴会时得到你陪伴的快乐"。从语体角度来说，原文是一种礼节性的客套话，故汉语也用同样的语体将其译出，即用中国人写请帖（请柬）时末尾所常用的客套话"敬备薄酌，恭候光临"来将其传译。因此，从这一点上说中西语是相同的。故我们不能按原文的词面义来译，否则，就无法传译原文的语体信息了。顺便要说的是，原文中的"the pleasure of your company"是可以换成"the honor of your company"或"the company of you"的，但其汉语译文不变。

（4）In married life three company and two none.（Oscar Wilde）

译文：在婚姻生活中，没有孩子是寂寞的。

对比与评析：英谚有"Two is company, but three is none."（两个和尚抬水喝，三个和尚没水喝。）我们此处的译例原文，是Oscar Wilde（奥斯卡·王尔德）从该英谚中所引发出来的逆说（或称反说）。（注：就是把该谚语中的"two"和"three"的位置对调。此处还省去了原谚语中的谓语动词"is"。）知道原文的来历，对我们就译例所做的探讨是很有帮助的。

首先，我们看王尔德逆说中的套用部分，即"three company and two none"部分，若参照原译文的说法，应将其译成"三个人有趣（或有孩子有乐趣），两个人没趣（或没有孩子没乐趣）"，也可译为"三个人不寂寞（或有孩子不寂寞），两个人寂寞（或没有孩子就寂寞）"。因此，我们认为汉语原译文应变换成："在婚姻生活中，有孩子不寂寞，没有孩子就寂寞。"这不仅在语义上，而且在语体上，都显得更贴近原文了，但原译文似乎并未考虑到这些需要。[注：在所举译例原文中，"three"的联想隐含义为"有孩子"，"company"的含义则是"不寂寞"，但在原译中却被忽视了；而"two"的联想隐含义是"没有孩子"（即只有夫妇两人），"none"的含义则是"寂寞"。]

（5）He is now a "has-been".

译文：他现已成废物。

对比与评析：原文中的"has-been"被作为一个复合名词来使用，这是原文的一个特色。它包含着"已完成""已过去"的语气义，可理解为"已过时的人"或"已无用的人"。但原译文将其译为"废物"，严格地说，在"度"的把握上有点"过"了。为了更准确地传译原文的这一特色，我们主张将原译文改作"他现在已是一个过时的人了"。因为汉语中的"过时的人（或物）"与"废物"的意思尽管有不少相似之处，但实际上也还是有些不同的。尤其是指人时，"过时了的人"（即"不再走红的人""风光不再的人"）怎么就可被说是"废物"了呢？显然不可，现实中的情况亦非如此。

（6）We have the rains in early winter.

译文：雨季在初冬。

对比与评析：若按原文词面义译出，该译例的汉语译文应是："我们有雨季在初冬。"但这样的表述并非规范的汉语。原译者也许正是出于这样的考虑，才在原文词面义的基础上，变通译得"雨季在初冬"这个译文的。若将这个译文反译过去，很多人可能会译成"The rains is in early winter"，这个句子在语法上并没有错，只是它不是地道的英语说法罢了，这也正像前述的"我们有雨季在初冬"这个句子并非地道、规范的汉语句子一样。

类似的译例如：

a. We shall have rain.（要下雨了。）

b. We've had too much rain this summer.（今年夏天雨水太多了。）

c. We have been without rain for a long time.（好久没有下雨了。）

请注意，这就是中西语各自的特色，亦即表达习惯上的不同之处。

（7）A heavy rain visited the city.

译文：城里下了大雨。

对比与评析：原文中的动词"visited"在此并非"访问""参观"之意，而是"（灾害、疾病等）侵袭，降临"的意思。若按原文词面义译出，就是"一场大雨降临了那座城市"。这个译文意思是传达清楚了，语法上也没有什么问题。但若按汉语叙事的习惯即"时间—地点—人物—活动"的程序要求，这样的译文又显得有点欠佳（带点"翻译腔"，为"硬译"），而译为"城里下了一场大雨"则更自然。同样，若将此汉语译文反译成英语，很多人可能会译成"The city had a heavy rain"或"A heavy rain fell to the city"。这样的句子尽管在语法上没有什么问题，但都不是地道的英语说法。（注：地道的英语说法应为"We had a heavy rain in the city"或"A heavy rain visited the city"。）也许有人会问，"fall"（fell）不是有"降落""降临"的意思吗？那么为什么不能在此处用来表示雨水"降落"呢？究其原因，也只能说是个习惯用法的问题，"fall"要表示雨水"降落"，常是这样用的："The rain is falling."（正在下雨。）"A gentle rain is falling on the grass."（细雨落在芳草上。）而在"Night falls."（夜幕降临了）这个句子中，它是"降临"之意。但此"降临"（fall）是不等于彼"降临"（visit）的，这是习惯用法使然。

（8）We would have appreciated it better if you had written to him personally.

译文：如蒙亲笔去函，尤为感激。

对比与评析：原文中的"it"指代的是后面"if"引导的整个句子所说之事，从译文方面来说，则是指"如蒙亲笔去函"。这里英语和汉语的不同之处，就在于原文和译文两个相应宾语上。我们可以明显看到，在译文"尤为感激"这里，原文中的"it"并没有被译出，为什么？这是汉语的行文习惯使然。若是照样译出，成了"尤为感激它"，那就不妥，成了"画蛇添足"了，不合汉语的行文习惯。相反，在英语那个相应的句子中，若不用上"it"则同样是不妥的。为什么？这也是英语的行文习惯使然。换言之，它必须用上这个指代后面的"if"所引导的从句所说之事的"it"，才符合英语的语法要求，句意才表达得清楚。若再换个角度来说，就是因为句中的"appreciated"作"感激"理解时，它是个及物动词，这样它就必须带有自己的宾语，而这个宾语就是有具体指代对象的"it"了。

类似的译例是有很多的，如：

a. I never rely upon his word, for he never makes a promise with the will to keep it. （我从不听信他的话，因为他总是轻诺而不履行。）

b. They say he was left town, but I don't believe it. （他们说他已离开本市，但我不相信。）

c. It is very difficult to write English well, but is still more difficult to speak it well. （要写好英文很难，要说好英文更难。）

d. It's very near, so you can walk it. （很近，你可以步行去。）

（9) He is no teacher.

译文：他不是一个好教师。

对比与评析：对原文的理解关键在"no teacher"上，"no"在此为形容词，意为很小，很少；名词"teacher"在此也并非是其词面义"教师"，而是指"教师所应有的内涵"，即指"教师应具有的素质"，包括知识水平、教学责任心、教学方法、表达能力、心理素质等，而这就是原文"teacher"的真正含义，也是英语原文句子的特色所在。有了这样的认识，那么，对前面的汉语译文就不难理解了。试想想，一个既然是做了"教师"的人，但却是"no teacher"，即没有做教师所应具有的那些"素质"，或者说那些"素质""很少""极少"，这样的人能成为一个"好教师"或"称职的教师"吗？答案无疑是否定的。因此，将原文译为"他不是一个好教师"是准确无误的，是恰当贴切的。可是曾有不少人不假思索地将其误译为"他不是教师"（注：把它与"He is not a teacher"混为一谈了），或误译成"他根本（或完全）不是教师"。

类似前述的用"no"（很小，很少）的译例，如："It's no distance to the post office."（到邮局去没有多少路程。）"They finished the task in no time."（他们很快就完成了任务。）而类似本译例句式的句子，我们在此亦略举几例：

a. He is no poet. （他算不上什么诗人。）

b. He is no scholar. （他不学无术。或：他不是一个有真才实学的人。）

c. She is no fool. （她才不傻呢。或：她聪明得很。）

d. I am no coward. （我大胆着呢。或：我勇敢得很。）

e. It is no joke.（这可不是开玩笑的呀。）

（10）On an autumn evening we enjoy the moonlight.

译文：我们在秋夜赏月。

对比与评析：对比译文和原文，最特别的一点可能是"赏月"之说了。按我们的理解，"赏月"就应是"enjoy the moon"才对，但英美民族的人却说是"enjoy the moonlight"。中西民族表达习惯上的差异，是思维方式上的差异所致。若做深入一步的探究，则可得知，我们注重的是"月的整体"，认为"月"本身就是"亮"着的，是可以"发光"给我们看的"星体"。而英美民族则注重"月的部分"，即把本身不会发出光亮的"月"与太阳照到其表面所反射出来的"光"分开来看，也就是说"月"和"月光"是不能混为一谈的，两者并不是一回事。要是没有太阳对月球的照射，人们是无法看到"亮着的月"的。由此我们还可得知，英美人的表达是更为准确、更为科学的，而我们的说法则比较笼统、比较模糊。但不管是哪种表达方式（或说法），都是无可非议的，没有谁对谁错之分，因为它们是源于中西民族各自的传统文化之中的，都已成为各自民族世世代代的人们所普遍接受的习惯说法（或表述）了，而这正是需要我们的译者特别注意的地方。

（11）Barking dogs do not（或 seldom）bite.

译文：吠犬不咬人。（书面体）或：会叫的狗不咬人。（口语体）

对比与评析：英语原文是一句谚语（俗语），汉语也正好有类似说法的俗语，故译文自然就轻易得出了。这说明中西两个民族的人在各自的生活经历中都有过相同的体验，从而产生了相同的认知心理。该谚语给人们的启示是：在日常的工作和生活中，我们不要被事物的表面现象所迷惑，要学会透过表象看到本质，这样才能有效地避免受到蒙骗，避免遭受挫折和损失。

（12）Time is money.

译文：时间就是金钱。（直译）或：一寸光阴一寸金，寸金难买寸光阴。（意译）

对比与评析：中西民族的人从各自的生活体验中，都知道时间的宝贵，也都知道金钱的宝贵，于是就有了前述的把它们两者放到一起来说，或等同来说的各自的谚语（俗语）了，这是在认知上相同的一面。不同的一面是，中华民族的人把"光阴"甚至看得比"金钱"还要宝贵，因为"光阴"是"无形的""不可制造出来的"，一旦失去就无法得回，而"金钱"则是"有形"的，是可以由人"制造出来的（或说挣回来的）"，一旦失去，过后还可另挣回来，这也许就是为什么我们前面译文还要加上"寸金难买寸光阴"的理由吧。在这一点上，我们民族的理解似乎比英美民族的理解要更深刻一些。

从该译例所用的修辞形式来说，英语用的是隐喻（暗喻），直译时，汉语用的也是隐喻，但意译时，用的则是类比，这也是中西语言相异的地方。但它们给人的启示基本上是相同的，就是提醒人们要珍惜时间，不要浪费时间，一分一秒都是有价值的，都是宝贵的，要是有人随便浪费了时间，就是浪费了生命，虚度了年华，就是对人生的不负责，这是不应该的。也许正是有了这样的认识，英语中才会有一个旨在强调事业重要性的说法："Business is the salt of life."（事业是生命中必不可少的要素。)

（13）Money makes the mare go.

译例：有钱能使鬼推磨。

对比与评析：译例的原文是源自英国民谣的一句谚语，民谣说的是有人想借一匹马用，可是马的主人不肯借，后来借马人说用他的马并不白用，他是会给钱的，马的主人一听，马上就改口答应了。民谣的大意是这样的：

"请借我马行不行？"

"不行，马腿歪瘸走不动。"

"要是把马借给我，我会给钱不白用。"

"噢啊！你要说话果当真，有钱马就去得成。"

（原文："Will you lend me your mare to go a mile?"

"No, she is lame leaping over a stile."

"But if you will lend her to me spare, you shall have money for your mare."

"Oh ho! Say you so? Money will make the mare go."）

后来，从这首民谣引出了"Money makes the mare go."这句谚语，其意表示"金钱万能""钱能通神"，而译成汉语，正好与汉语的"有钱能使鬼推磨"这一谚语（俗语）的意思相吻合，故就有了前述的译文。

比较一下中西两则谚语的说法，我们得知主要是它们说事所涉及的对象及它们所做的事的不同，英语是说"马可借去用"，汉语是说"鬼可帮推磨"，但都以"要付钱"为前提条件。尽管英语和汉语的说法不一，但它们所要传达的信息却是相同的，那就是"金钱万能""钱能通神"。我们知道这些说法都带有夸张的成分，主要是为了强调金钱的巨大作用。试想想，从历史上无数的事例和当今经济社会的现实来看，你能否定这一说法吗？你能不深有同感吗？你能不觉得金钱是非常非常重要的吗？但"非常非常重要"并不等于"就是一切"，并不就是万能的（实际上，我们都知道世上没有"万能"的东西，包括人本身在内），所以我们也不能唯钱是从、唯钱是命，走向金钱崇拜的极端；不能为了钱财而把其他一切置之脑后；不能把人活着所应享有的一切亲情、爱情、友情，把人的良知美德都抛到九霄云外。如若这般，那么人活在世上就没有多大意义了。因为人在自己活着的同时，还应为他人、为大众、为社会、为国家多少出一份力、帮一些忙、做一点有益的事。如果一个人为了自己"捞钱"而全然不顾这一切，甚至不择手段、无所不用其极地去损害他人、侵害集体和国家的利益，那么，即使他"捞到了很多钱"，他也不可能"活得快乐，活得幸福，活得有意义"。这就是这则谚语带给我们的一些启示。

（14）The best is the enemy of the good.

译文：要求过高反难成功。

对比与评析：英语原文是一则谚语，其字面义是"最好是好的敌人"。若对这话做进一步分析，就可得知，"最好"若不想成为"好"的"敌人"，最直接有效的方法就是降低对"自己"的要求，不要去要求"最好"，求一个"比较好"或"好"就行了。若将这个分析得到的认识放到人的生产、工作、生活等的活动范围来再认识，就可以给那些对人对己、事事处处都"追求完美""追求卓越""追求第一"的人以极大的心理上的启迪，让他们清楚地认识到，所谓的"最好""完美""卓越""第一"都是相对而言的，将追求它们作为一种人生态度是可以的，也是积极的，但他们更应该面对现实、脚踏实地，努力做好自己的本职工作。盲目地、不切实际地去拼命追求那些"最好""第一"，不但很难成功，还可能会把自己弄得身心憔悴、焦头烂额、一败涂地而不可收拾。因此，我们可以说，该译例不仅给我们提供了一个绝妙的译文，而且还给我们揭示了一条深刻的人生哲理，使我们从中得到教益。大家不妨记住一条广为流传的广告词："没有最好，只有更好。"

（15）The farthest way about is the nearest way home.

译文：遥程路反近，捷径常误人。

对比与评析：对原文的理解，难点在两个副词，即"about"和"home"。在此，前者意为"（转到）相反方向"，引申来说就是"兜""绕行"，后者意为"回家"，它们都带有动词的性质，隐含着动词的作用。因此，原文整句的字面义是"绕行最远的路是回家最近的路"。将此译文意思再做分析，实际上就是前述译文中"遥程路反近"所表达的意思。

既然是这样，那前述译文的后一句"捷径常误人"之说，岂不是无中生有了吗？许多人也许会提出这样的疑问。是的，若单从词面的形式上看，确实就是这么回事，但若从原文的深层含义来做分析，就不是这么回事了。原文词面上所表达的意思，实际上只传达了说话者要表达的前一部分是起铺垫和衬托作用的次要意思，而其真正所要表达的意思却全留在"不言中"了。这属于我们常说的"虽无其词，却有其意"的情况，或说属于"弦外之音""言外之意"的情况。因为，从这则英谚要传达给人们的主旨来看，它是在告诉人们：要想获得预想中的成功，必须一步一个脚印，必须历经千辛万苦的长途跋涉，是没有任何捷径可走的。换言之，它在告诫人们：无论做什么事，都要认认真真、脚踏实地，而不能只知道图方便、贪轻松、走捷径、找窍门，因为这样常常是会误事误人的。综上所述可知，译文的后一句不但不是"无中生有"，反而还是原文的"应有之义"，不但不是"多余"的，反而还是"必不可少"的，起到画龙点睛的作用。

（16）Faults are thick where love is thin.

译文：一朝情义浅，样样不顺眼。

对比与评析：原文是一则英语谚语，用了两个互为反义词的"thick"和"thin"来体现一种对照的修辞功能，就原文来说，这是一个妙招。另外，用"where"把两个词数相同、结构相同的句子连在一起，也是原文行文的一大特色。在译文中，能否体现出原文的这些特色以及如何体现这些特色，则是对译者的考验。从上述的译文来看，我们认为译者是做到了，而且还做得很不错。具体的表现如何，可以通过对比分析来加以说明。

首先，我们要指出的是，原文中"where"所引导的从句在形式上是地点状语从句，但从主句和从句的深层语义和逻辑关系来看，则应是个条件状语从句。（类似译例：Birth is nothing where virtue is not. 意即：如果品德不好，出身好等于零。）因此，原文整句的词面义就是："如果爱意（情义）浅薄了，缺点（错误）就浓厚。"其次，原文中的"love is thin"是指原来相爱双方中的一方对另一方的"爱意变淡了"，所谓的"Faults are thick"则同样表示一方对另一方的看法，认为另一方的"缺点（错误）浓厚"（即"缺点多了"），自己无法容忍了，看不下去了。对原文有了这样的分析认识，那么对前述的"一朝情义浅，样样不顺眼"的译文就能真正理解了，也可以从心底感觉到，尽管在形式上看来译文离原文似乎有点远，但它们在内容上却更近了，这样一个译文绝对是个佳译。

（17）A miss is good as a mile.

译文：毫末之错仍是错，死里逃生也是生。

对比与评析：拿原文和译文对比，许多人也许会感到茫然，怎么会得出这样的译文呢？确实，要理解其中的缘由是有点难度的。不知大家是否听说过汉语中那个"五十步笑百步"的古代笑话，说的是两个同样是逃跑的人，先逃跑者跑得远了些，而后逃跑者跑得还没有那么远，于是后逃跑者就认为自己比先逃跑者"好一些"，就取笑人家"先逃跑"，却不知道自己虽是"后逃跑"，"跑得还没有那么远"，但其"逃跑"的性质是完全相同的。知道了这个故事，也许你对上述的英文谚语及其汉语译文，就会觉得好理解多了。鲁迅先生曾说过一句名言：有缺点的战士还是战士，完美的苍蝇仍然是苍蝇。鲁迅先生的话，说的不正是这样一个深刻的哲理吗？该英谚要告诫人们的就是：看人看事，不要只看其表象，而应看其本质。这样才不容易受到迷惑，不会把错的认为是对的了。

原文中的"a miss"，其意就是"一点偏差"，有偏差就表明离要打击的目标尚有距离，"一点偏差"就是"一点距离"；而"一点小小的距离"是"距离"，"一英里（即 a mile）的距离"也是"距离"，虽然"距离"远近程度不同，但都表明未击中目标这一相同结果，表明其本质是相同的。这就是原文句子结构所依托的理据。进一步分析得知，这个理据无疑应是涉及好坏两方面的，就是说，无论在我们认为是"好事"的事当中，还是在我们认为是"坏事"的事当中，本译例原文所谈及的情况，或说所提出的理念，都是普遍存在的。原译者正是有了上述的这些深刻理解和认识，才会得出前面的既涉及"不好"（即"错"），又涉及"好"（即"生"）的译文。（注：原文中实际上包含着"as good as"这个成语，只不过省去了前一个"as"罢了，但其意不变，仍是"似乎一样""实际上等于"之意。）

（18）She founded an ursuline college in 1950.

译文：她于1950年创办了一所女子学院。

对比与评析：要真正理解此译例的译文，得首先了解英国的一些相关历史知识。原文中的"ursuline"源于"Ursula"，此为一女子名。据英国的传说，曾有一女殉道者 Saint Ursula，当匈奴（Hun）入侵时，在科隆（Cologne）这个地方，和其他11,000名女子共同被害。根据英语构词法，由专有名词变成形容词时可加后缀"-ine"的规则,就得到由"Ursula"变来的"Ursuline"了。再者,在1537年创立的天主教女子修道会,会员以看护病人、教育少女为宗旨,以圣厄秀拉为守护神,故 Ursuline 即指其会员了。

原文中"ursuline"是一个由专有名词"Ursuline"衍变成的普通名词,故其词义也已由专门性的"女修道会会员"衍变为一般性的"女子"了,我们译例中的"ursuline college"之所以被译为"女子学院",其缘由就出于此。(注:汉语中也有由专有名词演变成普通名词的现象,如说"他是我们班的雷锋"这句话,其中的"雷锋"一词也是这样演变来的。)

(19) The waiter was coming with the drinks, and when he got to the table Artic gave him a quarter and told him to put five nickels in the phonograph.

译文:侍者拿着饮料过来,当他走到桌边时,阿狄交给他一个二角五分的银币,要他去换成五个镍币,从自动电唱机的狭孔投进去,好让那电唱机唱起来。

对比与评析:译此例首先要知道美国货币的一些知识,"a quarter"是指"二角五分的银币",亦即等于五个"nickel"(五分镍币)。

原文中的"phonograph"在此是指"(酒吧等处的投币式)自动点唱机",它上面设有专供投放硬币的狭孔(或窄缝)(slot),顾客若想听它播唱,就要往里面投硬币才行。

译者只有了解了上述这些历史文化背景知识,才能知道该用增译法,补译出相关的隐含着的内容和信息(如原译文中的"要他去换成五个镍币"和"好让那电唱机唱起来"的译文即是),否则不但不能译好,连别人译出来的译文也难以理解。

(20) So he hires her at twenty-five slugs per week to start with and raises her to half a C and makes her a principal the second night.

译例:因此,他雇用了那个女子,最初是二十五元一星期的薪酬,可是第二天晚上就加到了五十元,并把她升为主管了。

对比与评析:原文中的"C"是"century"的缩略式,指一百元。另外,其中的"slugs",其本意并非是"钱",而是"(用以开动自动售货机等的)代硬币的金属圆片",或说是"冒充的硬币",但此处是把它当真钱来看待而译为"元"了。

原文中的谓语动词用的都是一般现在时,如"hires""raises"和"makes",但汉语译文都将其译成带"了"字的表过去的、已完成的形式,这体现出中西两种语言文化上的差异。另外,原译文的第二句,按规范的汉语表达习惯和一般事理,似应改成"最初是按每星期二十五元的标准付给薪酬"才妥,因为这样才能把原文的本意清楚准确地传译出来,而不至于与其后一句译文中的"第二天晚上"的说法在概念和逻辑及语义上产生混乱模糊的弊病。

(21) "Three things," said Maccam, "Jack——all you get of it; the key to that sixteen-cylinder job in your garage; and clothes."

译例:"三件东西,"马卡姆说,"钱——你所有的钱;汽车间里那部十六缸的汽车钥匙；还有衣服。"

对比与评析：原文中的"Jack"可不是指人，即并非人名"杰克"之义，它是美国英语的俗语，指的是"money"（钱）。要是没有这个认识，就无法把整句译文译通译好了。

原文中的"job"也不是一般意义上的"工作"，在此它意为"mechanical vehicle"，指的是"汽车"。这是个语境义，或说搭配联想义，是根据其"成果，产品"的词典义作联想引申得来的。

关于美国的钱币，在此不妨再补充一些相关的知识。在美国俚语中，说"一元"时除了电影电视上用得最多的"buck"以外，还有 ace、can、slug、dough、smacker 等。硬币（coin）方面，有 one cent（一分），nickel（五分），dime（一角），quarter（两角五分），half dollar（五角），dollar（一元）。纸币方面，一元的称为"ace"，二元的为"deuce"，五元的叫"fiver"，十元的叫"sawbuck"或"tenner"，二十元的是"double sawbuck"或略为"double saw"，一百元的除可用前面已提到过的"C"表示外，还可用"yard"来表示，一千元则叫作"grand"或略为"G"，如五千元可说"five grands"或"five G's"。

（22）The eve of the election the candidate and his supporters felt that the seat was as good as in the bag.

译例：在选举前夕，候选人及其支持者都认为席位实际上等于已经到手了。对比与评析：原句中"in the bag"，在此意为"十拿九稳"。上述译文将该成语（属文化词语）连同其前面的"was as good as"一起译为"实际上等于已经到手了"，从意思上来说这并没有错，因为从成语翻译的实际情况来看，将原语中的成语用译入语中相应的成语或非成语的词语来表达的情况都是存在的，也是允许的。但这里还有一条原则（或习惯做法），即从语体学的观点来要求的话，原文是成语的最好也用译入语的成语来译出，除非无相应的成语，或用成语反而使译文显得有歧义或读起来显得拗口别扭，否则就该用成语来译出。鉴于此，该成语最好改译为"囊中之物"，同时将原译文中的"等于"改为"已等于"，并把"已经"二字去掉，再增加"他们的"为好，修改后得到的"was as good as in the bag"词组的译文就是"实际上已等于他们的囊中之物了"。

（23）A child may be listless and "washed out" one moment, and full of beans an hour later.

译文：一个孩子一时间可能会没精打采，"筋疲力尽"，过了一个小时一下子又活蹦乱跳起来。

对比与评析：原文中包含成语"full of beans"（生机勃勃，精力充沛），译文中将其译作"活蹦乱跳"，这是从整句的语境出发，考虑到主语是"a child"所做的选择，可以说这是原译文的一个亮点。"筋疲力尽"的译文，是根据"washed out"（破产，失败）的本义作合理引申所得，这也是值得肯定的一点。原译文也有不足之处：其一是对原句中第二个"and"的语法作用把握不准，它实际上应表示"转折"关系（这是对句子内在语义作逻辑分析得出的正确判断），而原译者却把它忽视了;其二是原句中的"an hour later"一语并非实写,应是虚写,故它不应被译为"过了一个小时",而应被译为"过了一会儿"(实际上它与前文中的"one moment"起到同样的作用,都是表示概数)。另外,原译中的"一下子"三字显得多余,故原译文最后一句若改为"但过了一会儿,他(她)可能又会活蹦乱跳起来",就会显得更恰切、更顺当。

(24) He is a regular bearcat when it comes to business.

译例:在做生意方面,他是个敢作敢为的人。

对比与评析:原译文译得基本到位,只是对原句中的"regular"的语法作用把握不准而未能译出。因为若仅按词面义将"a regular bearcat"译为"一个合格的敢作敢为的人",就不能给人传达清楚明晰的意念(如:怎样的人才算是"合格的敢作敢为的人"呢?这里的主要问题在于:"合格的"是个有着相对比较明确的含义的词,而"敢作敢为的"则是个语义相对比较模糊的词)。从对比语言学和翻译学的角度来看,由于中西两种语言是完全不同的两种语言,各自都有自己独特的遣词造句法则(或说习惯),一些表达法在英语中可这样搭配表达,但在翻译成汉语时却不能照此译出,特别是要考虑译入语的词语搭配习惯;反之亦然。因此,将原文中的"regular"理解为是起到强调作用的一个词更为恰当,这样我们可将原译文改为"在做生意方面,他绝对是个敢作敢为的人"。从翻译技巧来说,我们可以认为这是运用了"词类转译法"。

(25) With his gloomy countenance and doleful manner, George was a wet blanket in any company or assembly in which he appeared.

译文:凭他那副哭丧脸和那令人悲哀的样子,乔治无论出现在哪一伙人当中或哪一个集会上总是一个扫兴的人。

对比与评析:原译文总体来说译得还不错,但有两个地方应做些改进。第一是关于中英文的表达习惯问题,英语句子中常常是代词先出现,名词后出现(如此句中先有"his"后有"George"便是,这是英语代词作"预指"时的用法),而汉语句子则正好相反,因此,译文最好遵循汉语的这一习惯,将"他"和"乔治"的位置互换一下,并把"凭"字改为"由于"。[注:英语中也有先出现名词(又称"本词")后出现代词的用法,这与汉语的习惯用法是一致的。这是代词作"复指"时的用法。]第二还是关系到汉语的表达习惯问题:汉语行文时多喜欢用较短的句子,所以原译文后面一句最好改成"无论他在哪一伙人当中或在哪一个集会上出现,他都只能是一个令人扫兴的人"。修改后的译文可以更加恰当准确地传达原文的本义,译文句子深层的语义和逻辑关系也显得更加清晰、更为紧密,当然也更符合汉语的行文习惯了。

(26) Young John is a chip of the old block, he has red hair like his father's and like him also, is interested in carpentry.

译文:小约翰与父亲一模一样,他的红头发像父亲的,也同父亲一样爱好木工。

对比与评析：原译文总体译得不够理想。建议改成"小约翰长得和父亲一模一样，还像父亲一样有着一头红色头发，爱好木工"。改过的译文有三个优点：一是突出了小约翰作为句子的主语的作用；二是使译文内在的语义和逻辑关系更清晰、更连贯；三是使整个译文的行文更简洁。若像原译文那样，第一句用"小约翰与父亲"一起作主语，第二句则用"他的红头发"作主语，那第三句译文的主语是什么？从行文上看让人觉得有点费解，不够明快。总之，原译文给人的感觉是语义和逻辑关系比较模糊凌乱，不够清晰。从翻译技巧方面考察，则多少有些"硬译""死译"的"翻译症"和"学生腔"的痕迹，如第二句译文中"像父亲的"这一说法，第三句译文中"也"字的使用，都是这种情况。（注：原文中的"a chip of the old block"为一成语，意为"与父亲一模一样的儿子"，例句的汉语译文便是在这个基本义的基础上，结合此句的语境作适当变通得来的。）

（27）The ancient Vikings navigated by depending on the instincts of bird. They took on board a number of ravens, and released them one by one as they sailed to the west. If the raven flew back along the course from which it had come, the Viking ships continued due west. But when a raven flew a different way, the slips would change course and follow its flight path to search for new lands.

译文：古代北欧的海盗依靠鸟的直觉航行。他们在船上装上许多渡鸦，在向西航行的时候一只一只地放掉。如果渡鸦顺其来的方向飞回，海盗船就继续往正西行驶。如果渡鸦飞了一条不同的路线，船便会改变航向，跟着其飞行路线去寻找新的陆地。

对比与评析：该译例原文的结构不算复杂，原译文总的意思译得还算可以，只是"如果渡鸦顺其来的方向飞回"一说，令人觉得有些费解，"其来的方向"该怎样去理解呢？"其"从何方"来"呢？"来"又是"来"到哪里？实际上是原译者对原文"it had come"的深层含义没有理解和把握好，只是按词面义应付着译出而已。我们结合实际运用联想思维进行分析理解，并从翻译理论和方法技巧的角度来考察，认为应对"it had come"作词义的具体化处理来译出，而不能仅满足于对其词面义的理解。据此，我们认为原译文"如果渡鸦顺其来的方向飞回"，应改成"如果放飞的渡鸦顺着其原先从船上飞过去的路线飞回"。因为英语原文述说者是以渡鸦从船上被放飞后所飞过某条线路的终点为出发点（起点）进行述说的，故有"it had come"之说；但汉语使用者却是以放飞渡鸦的船为出发点去述说的，其方向是正好相反的，故译文必须译为"从船上飞过去"，汉语读者才能明白。这里体现出中西民族不同的思维方式和语言表达习惯。

将原译文中的"方向"改为"路线"，主要是考虑到原译文后面两处都用"路线"的说法，是为了保持在同一语篇中出现的、同时前后相隔又不很远的同一个词的概念一致的需要，以免引起概念混乱。另外，还有几处的译文也值得改进，如：可将"装上"改为"带上"，将"放掉"改为"放飞出去"，将"海盗船就"改为"船就会"。这样一改，译文意思就表达得更切实、更清晰，也少一些"硬译"

的痕迹。

（28） ① "Well, that's a finish," said Drouet, "Pack up and pull out, eh? You take the cake."

译文："唔，真是好收场，"德罗埃特说，"你要收拾行李走开？你的主意真是再妙没有了。"

② I have known selfish acts, but this takes the cake.

译文：我也曾见过一些自私的行为，但这样自私则可谓超人一筹了。

对比与评析：从译例①的原文分析得知，说话者用的是一种讥讽的口吻，一种揶揄的语气，原译者把握了这点，所以在译文中将这样的口吻和语气比较充分地传达出来了（如"真是好收场""真是再妙没有了"）。原译者正是基于对整个大语境的把握，才没有选择成语"take the cake"的另一个相反的语义"最坏不过了"或"坏极了"。另外，原译者对后一句的译法处理似无不可，但是若改译为"你真是聪明透顶了！"，其讥讽口吻就显得更加直接、更加强烈，也更符合原文口语体的表达习惯，即简洁有力，而不是像原译文那样略显拖沓冗长。再一点是，把"你要收拾行李走开？"改成"你要收拾行李走人？"，虽然只是一字之差，但改后的译文却更符合汉语的习惯说法，更能与整个口语体的语境取得协调一致的效果，也更能表现出说话者内心生气时的讥讽口吻。

从译例②的情况看，同样有值得肯定的地方和需要改进的译法。值得肯定的是：把"I have known"译作"我也曾见过"，这是没有"硬译"痕迹的站得更高、理解更透的佳译；增加"一些"二字以把原文"acts"的复数含义译出。需要改进之处有：将"自私"改成"自私自利"更符合汉语的表达习惯；还可将后一句译文改成"但像你这样的，真可谓是超人一筹了"。在这里，将原译文中的"但这样自私"改成"但像你这样的"，可以使该句译文与前一句译文之间的内在语义关系显得更密切、更自然，还可使整个译文句子变得更简洁、更有韵味。

（29） ① Why don't you let the girl alone?…you take my advice, and let her paddle her own canoe.

译文：你为什么去干涉这女孩？……听我说吧，由她去吧。

② They told him that he could expect no more help and would have to paddle his own canoe.

译文：他们告诉他，他再也不能指望任何帮助而必须自己努力了。

对比与评析：根据语言学中的结构语义学理论，相同的内部结构（即语义结构，亦称内涵）可以有不同的外部表现形式，不同的外部表现形式也可有相同的内涵。这里的两个译例是对同一个成语"paddle one's own canoe"的翻译，而为什么译成不同的文字，完全可以从前述的理论中找到根据。因为该成语的一个比喻义为"自己管自己"，这是一个基本义，但由于该成语被用到不同的上下文语境中，受到其他同处语境的词语的影响和制约的情况也有所不同，结果它获得的动态语用义（也可以说表现形式）也就不同。（注：该成语不同的动态语用义都没有离开其静态基本义的范畴）这是很自然的一种语言现象，也是在翻译实践中值得认真注意的一种普遍现象。

另外，译例①的第一句的译法也值得一提，原译者没有按其词面义译出，即译为："你为什么不让这女孩独处呢？"而是运用逆向的思维方式，把它译成："你为什么去干涉这女孩？"从翻译技巧角度来说，原译者是用了"反正翻译法"，即将原来用否定形式表达的句子译成用肯定形式表达的句子了。至于为什么要做此改变，也许是此种表达方式显得行文更简洁、意思更明确，读起来更上口吧。不过对原来的译文，改为"你为什么要去干涉这女孩呢？"这样似更合原文口语体的特点，读来语感更好些，也更贴近原意。

（30）① Her mind, as she always said, was on something not so practical—castles in the air, really.

译文：她头脑里整天想的，正如她常说的，不是很实际的东西——实在是空中楼阁。

② Poor Martin! Forever building castles in the air. Forever, in his very selfishness, forgetful of all but his own teeming hopes and sanguine plans.

译文：可怜的马丁！永远存在着幻想。永远沉浸在自私之中。除了他自己各种各样的希望和乐观的计划以外，他忘记了一切。

对比与评析：译例①在对原文词义的理解和译文文字的表达上还算可以，但其中的译文尚有值得改进之处。若整个译文改为"正如她常说的一样，她脑子里整天想着的都是些很不实际的东西——一些空中楼阁式的东西，的确是这样。"这个译文似乎更切合原文的真实本义，也更符合翻译理论的某些要求（或说常用的处理方法）。因为，在翻译实践中有一条"已知信息先译，未知信息后译"的原则，原文的"as she always said"是一个"已知信息"，故宜先译出，将其放于译文之句首；"her mind…was on something"是"未知信息"，理应置于其后。另外，从原译文也可看到"硬译"的痕迹，从句子结构分析得知"as she always said"是个插入语，英语喜用这种行文方式，但汉语则不然，所以我们若按英语原文的语序来安排汉语译文的语序也是欠考虑的。另一个比较主要的问题是"really"在译文中的位置，原文中之所以将其用逗号隔开，并单独放在句末，主要是为了作强调用，其要强调的是对听到的前述内容所产生的看法，但原译者却忽视了这一点。至于我们对译文中其他方面的一些改动（如适当增加某些文字、调整某些词语的语序等），其理由就不必多说了，读者只要深入思考和对比就可以理解。

译例②的译文同样存在不少值得改进的地方。首先，从整个原文看，作者所讲的都是作者不愿意看到的一些虚幻、不切实际的东西，这是原文所包含的主旨。那么，译文从整体上说也应表达这样的"不喜欢""厌恶"的"情意"才对，但例句的一些译文用语却体现不出这些（如用"沉浸""各种各样的希望""乐观的计划"等就显得有点不妥了）。有鉴于此，将整个译文改成如下的样子："可怜的马丁！他老是在做白日梦，老是沉迷在极端的自私自利之中，除了他那些不断冒出来的妄想和自我陶醉的打算之外，他什么也不去想。"

（31）When the ground was dry, he scanned every floating cloud before he descended into the mine at noon and hope that it might be raining cats and dogs when he came up again.

译文：当大地干旱时，每天中午他总是先注视着天上的每块浮云，然后再走下矿井，希望老天爷在他出来时正在下一场暴雨。

对比与评析：原译文译法有两点是值得肯定的，一是适当地增加"总是"二字，二是对"mine"的词义的选定。增加"总是"二字是出于对原文开头"When the ground was dry"所提供的信息的考虑（注："干旱"一词通常不会仅指一两天的情况，起码是相当时日的事），所以说这二字增得恰当，增得好。另一点是原译者运用认知语义学的理论，具体说来则是根据原文的"descended into"所包含的意思，确定其后面的"mine"的词义应是"矿井"，而不可能是"mine"的其他词义。

该译例的译文至少有三个需要改进之处：一是对"scanned"一词的词义选定，二是对"before"引导的时间状语从句的意思的表达，三是对原译文中最后一句语序的调整。首先，将整个译文改成"在大地干旱时，每天中午在下矿井之前，他总是要看一看天上的每一片浮云，并且总是希望在他从矿井里出来的时候，老天爷正在下暴雨"。这样修改，可以使句子的结构更严密（如主语与谓语靠得更近，更符合汉语句子结构的要求），条理层次更清楚，更符合汉语叙事的习惯，即遵循"时间—地点—人物—活动"的程序。另外，将原译文"注视着"改为"看一看"显得更符合客观实际，也更自然。再者，由于原文中的"hoped"跟前文中的"scanned"是并列的关系，那么，既然前面的译文已增加了"总是"二字，在后面的译文"希望"之前同样增加"总是"二字也就是情理之中的事了。还有，原译把原文的"at noon"理解为原文主句的一个成分，结果得出"每天中午他总是先注……"的译文，它应作为从句中的时间状语才对。最后还有一点，就是原文中"again"一词的翻译，不管是原译文还是改译的译文，都没有将其译出，这是运用"省译法"处理的结果，因为若要把它的意思译出，会让人觉得有多余之感，并且还会使整句的意思有了模糊不清的味道，这也是中英文行文习惯有异的一个实例。

（32）It would be foolish let such an opportunity slip; it's the chance of a lifetime.

译文：让这样一个机会坐失了是愚蠢的，可是千载难逢呀！

对比与评析：原文中包含一个普通成语"chance of a lifetime"，其汉语意思是"千载难逢的机会"。原译文基本上是把原文意思译出来了，但行文表达上尚有值得商讨之处。首先，把译文改为："要是坐失了这样的良机，就是笨蛋一个！因为这是千载难逢的呀！"之所以作此修改，理由如下：首先，根据对原文的观察分析，得知所说之事尚未发生，说此话的人是带着一种劝告的语气；其次，原文第一句中"to let...slip"短语与"It would be foolish"之间实际上内部存在着一种假设（或条件）逻辑关系；再次，原文第二句所起的作用，是对第一句做补充说明，说明的是原因。原文所具有的这三个方面的内涵特质，原来的译文都未能恰当并充分地传达出来，而修改后得到的译文就做到了这一点。

（33）His relatives got rich by hanging on his coat tails.

译文：他的亲戚们仰仗他的提携发了财。

对比与评析：译例的原文中有成语"hang on sb's coat tails"，意为"仰仗某人的提携""靠某人的垂爱"，原译文对该成语和整句的意思译得还是比较好的。但有一点值得商榷，这是从汉语表达习惯方面考虑的一个问题：汉语中在名词后加"们"字以表示"多于一"的含义的用法并不多见，尤其在陈述句当中，翻译时用"们"字去和英语中名词的复数相匹配的做法也并没有为多数译者所采用；而在英语的复数名词的译文前加上一些限定修饰词语，如"这些""那些"，或用另外变通的手法（如重复法或说叠词法）将原文中的复数含义译出，这样的处理方法倒是为人们所常用。因此，该译例的译文可改为"他的那些亲戚依靠他的提携一个个都发了财"。原译文中的"仰仗"一词带有贬义，说的是说话者的一种妒忌和不服、不满的心态。所以，若说话者确实有如此心态，译文中用该词是恰当的；否则，改用"依靠"则显得更通俗，也更符合人之常情。

（34）He had been so used to being cock of the walk in his native village that he found it difficult to accept a subordinate position in his new environment.

译文：他已经这样习惯于在本村称王称霸，以致到了新的环境里感到很难屈居于他人之下。

对比与评析：原译文基本上能把原文包含的意思传译出来，有的地方还译出了新意，如没有将"to accept a subordinate position"按词面义直接译为"接受从属的位置"，而是在此认识的基础上，根据原文的大语境，再结合汉语行文的实际需要，将其译作"屈居于他人之下"，这是原译者发挥创造性思维的具体表现，这个译文就是该短语在使用中所取得的动态语用义。但原译文确实也还有一些值得商榷的地方，首先一点是从句（即后面的分句）与主句之间所存在的语义和逻辑关系问题，原译者虽知道它们的关系是"因果关系"，但翻译时行文太死板，存在"翻译腔""学生腔"的味道，例如，"这样……便是"，其他的某些地方也多少存在这样的问题。因此，我们建议将原译文改译为："他在自己家乡的村子里称王称霸惯了，使他到了新的环境时很难接受屈居于他人之下的境遇。"之所以要改成这样，还有以下原因：原译的"本村"并不十分符合"his native village"之意；我们用"惯了"的译文是将原文中的过去完成时的隐含义连同"so used to"的意思整合在一起，显得跳脱而自然；增加"到了……时"和"接受……境遇"这些文字，同样可使译文行文更自然，也更贴近原文本意。另外，原文从句中的谓语动词"found"没有在我们修改的译文中直接译出，主要是考虑其在这里纯粹起个语法作用，即仅为构成"found it difficult to accept…"这个形式而已，并无实质性内容，故将其作"减译"处理了。在具体翻译过程中，必要时可将原文中的主要成分（如主语、谓语等）减译，这是常有的事，与翻译理论的要求没有什么不符之处。

（35）Sitting in the deck chair on a crowded beach hour after hour is all right for those who care for it, but it's not my cup of tea.

译文：连续几小时地坐在熙熙攘攘的海滨的帆布躺椅上，这对那些乐意为之的人来说当然不错，但这不是我个人所好。

对比与评析：原译文从总体上来说还是能够让人接受的，但在某些方面（如在如何避免"学生腔""翻译症"方面，以及如何尽量按汉语喜用短句的习惯去译等方面）似仍有改进的余地。为便于评述，不妨先将原译文改译如下："要在人群熙熙攘攘的海滨的帆布躺椅上，连续待上几个小时，这对那些乐意为之的人来说，也许是再惬意不过的事了，但我却不喜欢这样。"这样一改，首先可避开"学生腔"中常见的拖沓习气，使句子行文简洁明快。其次，在修改后的译文开头增加了一个"要"字，这是原文中隐含之意，是"我"在发表个人对此事的看法，是一种泛泛而谈的没有涉及任何一个具体人的看法，并且"此事"也是尚未发生的事，只是"我"想象之事，这其实多少带有一定的"假设"语气。因此，改译时加上这个"要"字完全是恰当的，也是十分必要的。再次，是对另外几处的增词或改动问题，如增加"人群"二字，改"当然不错"为"也许是再惬意不过的事了"，改"坐在"为"待上"，改"不是我个人所好"为"我却不喜欢这样"，将原译文后一句中的"这"字去掉，增加一个"却"字，等等。显然，对原译文做这样一些改动，可以使译文更贴近原文本义，整个译文内在的语义和逻辑关系变得更紧密，更连贯。再深入一步来说，原译文中的"当然不错"之说，相对来说还是比较空泛，不那么具体，"个人所好"之说有"硬译""死译"的痕迹，同样欠具体；而修改过的译文用了"这样"二字，其所带的"指向性"就明确、具体多了。此外，"坐在"之说也是"翻译症""学生腔"的表现，而改成"待上"就是跳脱活化的译文，因为它不仅可指"坐着"，还可包括"躺着"，甚可包括离开帆布椅在旁边做些其他的事。这样的情况反映的既是常情，也是客观实际。原译文后一句中的"这"字与前一句中的"这"字为不必要的重复，显得啰唆，故宜把后一句中的"这"字去掉。最后，值得指出的是，英语中的各种短语，如不定式、分词、介词和动名词短语，在翻译时，常要译成汉语的短句，这是从翻译经验得出的科学结合，也是译论的一般要求，我们的改译正是出于这样的考虑。

（36）Books and friends should be few but good.

译文：书籍和朋友，均宜少而精。

对比与评析：原译有一点值得肯定，就是将原文的"should be few but good"译作"（均）宜少而精"，可说是译得既准确又传神，实为妙译。不足之处是对原文中的"and"的理解尚未到位，仅按其词面义译出（即译作"和"）是欠妥的，实际上它应是英语修辞格"明喻"中的一个比喻词，它的词义就如英语明喻中常用的比喻词"like"和"as"的意思一样，故原译文的前部分应改译为"书籍如朋友"。类似的例子还有："Truth and rose have thorns about them."（真理如玫瑰，身上都有刺。）"Love and a cough cannot be hid."（恋爱如咳嗽，都是掩盖不住的。）

（37）Did you think it strange that all asses wag their ears?

译文：你说怪不怪，越是半瓶醋越是晃得很。

对比与评析：若将原文按词面义直译，译文应是："你觉得傻瓜装聪明这类事奇怪吗？"这样的译文显然没有传达出说话人的真实意图，即自己觉得此类事奇怪，有疑惑而发出了疑问。原译者正是把握了这个隐含于原文中的意思，才得出了"你说怪不怪"这样的佳译。不过，若将原译文前后句位置做个调换，变成："越是半瓶醋越是晃得很，你说怪不怪？"这样就能更好照顾到原文疑问句式的本意，也才符合汉语句子"先陈述，后评说"的表达习惯。

再说一点，译文中对原文中谚语"all asses wag their ears"的语义的选择是恰当的，因为原文谈的是人们常见的普遍社会现象：越是没有真才实学、没有真本事和能力的人，他们往往就越喜欢卖弄和炫耀自己。原译文正是选择了该成语的"傻瓜装聪明"这一语义，才传达出了能与我们前述的社会现象相通的语义。原译文"越是半瓶醋越是晃得很"，也可以改成"越是半桶水越是晃得很"，尽管其中的喻体变了，但根本的喻义未变，都是"傻瓜装聪明"这一基本义合理引申所得出的恰当译文。

第四节 高低语境文化中的差异对比

语境作为语言学概念，是德国语言学家威格纳（Wegener）于1885年最先提出来的。他认为语言的意义是通过实际使用而产生的，语言的意义也只有根据语境才能确定。他指出，语境概念包含的因素很多，大致可分为三种：一是说话时的客观情景，二是受话者能够直接联想到的各种成分或因素，三是人的整个心态，尤指交际双方对各自身份的意识程度。威格纳的语境思想在语言学界并没有引起很大反响。1923年，马林诺斯基（Malinowski）重新讨论语境这个问题，提出了情景语境（context of situation）这个概念，把它应用于不同语言之间的翻译和理解之中，并于1935年提出文化语境（context of culture）概念，把语境研究推到了一个新的高度。文化语境指的是语言交际活动参与者所处的整个文化背景。语境、文化和交际三者紧密联系。任何文化都兼有高语境和低语境的某些特征，根据各种文化中占优势和主导地位的交际活动方式，将不同文化定位在一个坐标轴上，轴的两端分别是最典型的高语境与最典型的低语境。通过对两种不同文化观的比较发现，在意义传递中，语言和语境的作用是不同的。因此，也会导致高低语境文化中交际的差异。

一、认知方式上的区别

高低语境文化中交际的差异表现在人们感知与认识世界的不同，其区别体现在是侧重事物的总体还是局部，即依存性和独立性。一般说来，在个体主义的文化中，低语境交际居主导地位；在集体主义文化中，高语境交际居主导地位。在美国的低语境中，强调的就是个体化的独立性，而传统崇尚集体主义的高语境的中国则更偏重依存性。

二、交流方式上的区别

高低语境文化的不同决定了各自的交流方式也大不一样，即直接与间接的交流方式。美国人愿意坦率直白地表达自己的观点，而中国人则喜欢以间接的方式表达自己的意愿。低语境的交际者很少接触社交客套话。他们确实也使用一些表达问候、谢意和告别的礼节用语，但是这些固定短语和惯用语在低语境中的作用比在高语境中的小得多。高语境的交际者在交流过程中更多考虑的是对方的感觉和"面子"问题，习惯于把自己的思想迂回、婉转地表达出来，为的是避免双方出现尴尬。

三、获得信息渠道上的区别

高语境文化中的人偏好人际间的信息来源，低语境文化中的交际者追求、信任并愿意使用客观来源的信息，这一点可以从到美国求学的中国留学生和到中国求学的美国留学生的经历中看出。到美国的中国留学生可能会获得很多以书面形式呈现的信息，如留学生手册、各类指南、宿舍管理手册等。到中国的美国留学生也可能会得到这类的信息，但并不多。

四、语言表达方式上的区别

人类的交际从语言角度看，可分为语言交际和非语言交际。高语境文化中，语境在意义传递上起着重要的作用，而在低语境文化中，在意义传递上起重要作用的是语言。低语境的交际者常渴望弄懂每个人说的话，他们希望所有的言辞都有意义，经常忽略非言语传达的信息。他们认为交流是有意义的言语信息的交流。他们回应的是人们所说的语言而不是回应人们的表现，而且他们对情景、参与者的角色等语境因素不予注意。高语境的中国文化，特别是中文的表达，带有含蓄性，平实有节制，感情一般不会不加掩饰地流露出来。中国人说话比较含蓄，喜欢旁敲侧击，点到即止，但这对语义的准确传达是一个极大的挑战。

五、成功交际的责任所属不同

高语境文化中，绝大部分信息或存在于物质语境中，或内化于交际者个人。所以高语境中的交际者认为说话者不必在言语中完整精确地表达意思，听话者有责任通过注意言语表达的语境来理解言语的意思，他们期望听话者在理解信息意思中担负更多的责任，进而推导出说话者的意图。听话者也习惯于并善于从身体语言、沉默、停顿等话外之音去寻找意义。低语境文化中，大量信息都要靠编码清晰的信息来传递，低语境中的交际者认为对交际成功负责的是说话者或作者，他们应该通过言语将意思表述得清楚易懂。

高语境文化和低语境文化是东西方两种不同文化的代表，对其交际中的形成原因和差异不同进行对比分析，促进跨文化交际者对两种不同文化交际的学习、理解和尊重。高低语境国家之间的交流变得日益频繁，然而两种文化背景中的人们的交流不可避免会产生许多冲突和误解。为了达到成功的交际，来自高低语境文化的人们就需要做到充分了解自己的文化及对方的文化背景，培养对于文化差异的敏感度，培养自己的多元文化意识，消除单一的文化观念，换位思考，对不同于自己的文化能够抱有一种宽容、包容的心态。这样才能够成功、有效地进行跨文化交际。

第四章 中西人文文化与翻译对比

人文文化是中西文化中重要的组成部分，承载着许多的文化元素，对语言的形成和发展也有着一定的影响作用。在进行翻译的时候，不但要掌握很多的翻译技巧，同时还要对文化背景进行深入的了解。本章主要从中西的习俗文化以及衣食住行方面进行中西文化的对比，并对其翻译进行研究。

第一节 中西习俗文化与翻译对比

习俗是人们自发形成的风尚、礼节以及习惯的总和，它也是人们在生产活动以及文化娱乐等诸多方面的行为规范。习俗不仅集中地体现了一个民族的文化精神，同时也是一个民族文化基因的外在显现和表现形式。受到主客观方面因素的影响，东西方在社会习俗文化方面表现出诸多的不同，对这些方面的文化因子进行对比分析并探讨其翻译对加强中西民族的交流和沟通极为有益。本小节将围绕这方面的内容进行探讨和分析。

一、中西见面语对比与翻译

见面语即人们在见面打招呼时所说的话。由于中西习俗的差异，英语和汉语中所用的见面语也存在很大的差异。

中国人见面经常喜欢问"吃了吗？"如果将它翻译成英语"Have you eaten or not?"外国人听了一定会感到非常茫然。而在英语中，根据见面的场景翻译成"How do you do?"更好一些。

汉语中见面打招呼时常喜欢问一些对方的切身生活以表示关心，如年龄、婚姻、孩子、工资等，这些问题在西方人看来属于私人问题，其他人不应询问。所以要注意中西文化上的这种差异，避免被误解为窥探他人的隐私。

汉语中经常用到的打招呼的话主要有"你吃了吗？""你要干什么？""你要去哪里？"在汉语里，这几句话没有任何具体的含义，它们只是一种打招呼的方式而已。但是在英语中"What are you going to do？"（你要干什么？）和"Where are you going？"（你要去哪里？）却触及英国人的隐私，而"Have you eaten or not？"（你吃了吗？）会让对方误以为你想请他（她）吃饭。因此，汉语中的见面语不能简单地直译，而要根据实际情况选用英语中的日常问候语。

二、中西礼貌用语对比与翻译

　　了解中西文化中礼貌用语及其表达方式上的差异，能够有效避免翻译过程中出现的文化冲突，也能更好地保证原文翻译的准确性和合理性。英语中常用的礼貌用语主要有 Excuse me、Please、Thank you 等，这些礼貌用语可以用在任何人身上。但是在汉语文化中，礼貌用语只用于领导、长者或者陌生人。在汉语文化中，关系越是亲密，礼貌用语用得就越少。如果忽略了中西文化中的这种差异，就很容易造成尴尬的局面。有一个经典的例子是说，一个外国人夸赞一位中国姑娘长得很漂亮，中国姑娘礼貌地谦虚"哪里，哪里"，如果将中国姑娘的话直接翻译成"Where，Where"对方听了不知道会露出怎样吃惊的表情。这里把中国姑娘的话翻译成"Thank you"就得体多了。另外，汉语中夫妻之间由于关系密切交谈时通常都用祈使句，句子中不会出现"请"字，只是说话的语气会委婉些，但是在翻译成英语时如果也不加表示"请"的词（如 Please 等），会让人觉得说话的人太专横无理，或是夫妻关系不和谐。

　　由于受中国传统文化尊老爱幼观念的影响，汉语表达中常常流露着对老人的尊敬，汉语中经常会说"您这么大年纪……""您老……"这样的话以表示对老人的尊敬和优待。但是在英语中，西方人都希望自己永远年轻，人们认为"老"就意味着"衰老"，他们很忌讳 old 和 aged 这样的词，英语中通常用 senior 来表示汉语中"老"的意思。

　　中西习俗上的差异还表现在打电话时用语的不同。中国人一般拿起电话都会说："喂，您是哪位？您找哪位？我是某某某。"如果直接翻译成英语"Who are you? I am so-and-so"，对方听到会觉得很莫名其妙。按照西方国家的文化习惯，一般可翻译成"This is so-and-so. Who is this speaking, please?"

三、中西亲属称谓词对比与翻译

　　称谓是人与人之间社会关系的反映，是习俗文化的重要组成部分。称谓可以分为两种：亲属称谓和社会称谓。对亲属称谓来说，同一个概念在不同的语言中所指的范围和使用的范围也不同。看起来简单的亲属称谓离开了特定的语言环境，就变得很难翻译，或无法理解。

　　在汉语中，哥哥和弟弟、姐姐和妹妹分得很清楚，而在英语中 bother 和 sister 却分不出长幼。例如，"Tom's brother helped Joe's sister."这句话就很难翻译，因为没有一个特定的语言背景就根本无法知道 brother 是应翻译成哥哥还是弟弟，sister 应该翻译成姐姐还是妹妹。又如，英语中 cousin 一词，在汉语中可以翻译成"表哥、表弟、堂哥、堂弟、表姐、表妹、堂姐、堂妹"一系列的称谓。

　　英语中的亲属称谓大多比较笼统、比较简单，而汉语中亲属称谓大多比较具体、比较详细。英语亲属称谓和汉语亲属称谓分别属于类分式和叙述式这两个不同的系统。

英语中的亲属称谓属于类分式系统。这种亲属称谓是以辈分来划分家庭成员的，英语中承认的血缘主要有五种基本形式，即兄弟姐妹、父母、祖父母、子女、孙儿孙女。在这五种等级中，第一等级包括我自己，我的兄弟姐妹及种种从表兄弟姐妹之属；第二等级包括我的父母以及他们的兄弟姐妹和种种从表兄弟姐妹之属；第三等级包括我的祖父母以及他们的兄弟姐妹和种种从表兄弟姐妹之属；第四等级包括我的儿女以及他们的种种从表兄弟姐妹之属；第五等级包括我的孙儿孙女以及他们的种种从表兄弟姐妹之属。

以这五种等级为依据，只有兄弟姐妹、父母、祖父母、子女、孙儿孙女有具体的称谓，其他亲属都没有具体的称谓。例如，在父母这个等级中，母称是mother，父称是father。父母的兄弟以及其他所有从表兄弟一律翻译成uncle这个词。英语中uncle一词包含了汉语中的叔父、伯父、姑父，还包含了舅舅和姨父。英语的亲属称谓系统不会表明亲属是于父系还是母系，属于直系还是旁系，英语的亲属称谓系统不区分亲属排列顺序，只以辈分来区分亲缘关系。

而我国采用的则是叙述式的亲属称谓制度。它既包括血亲及其配偶系统，又包括姻亲及其配偶系统。血亲是由血缘关系发展起来的，而姻亲是由婚姻关系发展起来的。所以，我国汉族的亲属称谓错综复杂，十分详细。我国的亲属称谓表明了长幼顺序和尊卑辈分，并且区分了直系和旁系亲族，也区分了父系和母系亲族。

（一）辈分的区别

在汉语中，亲属称谓是有辈分区别的，由于辈分不同，所以称谓也不同。冯汉骥将中国现代的亲属称谓分为23个核心称谓，它们是祖、孙、父、子、母、女、姐、妹、兄、弟、叔、侄、伯、舅、甥、姨、姑、嫂、媳、岳、婿、夫、妻。这些称谓都是有辈分区别的。

（二）同辈之间长幼的区别

汉语中同辈亲属之间如果长幼不同则称谓也不同。在古代妻子称丈夫的哥哥为"伯"或"兄伯"，"公"或"兄公"，称丈夫的姐姐为"女公"，称丈夫的弟弟为"叔"，称丈夫的妹妹为"女叔"。现代亲属称谓中，姐姐、妹妹、哥哥、弟弟、兄嫂和弟媳等都有区别。而在英语的亲属称谓中，相同辈分之间是没有长幼之分的，如sister、brother、aunt、uncle等都没有长幼之分。兄、弟都翻译成brother，姐、妹都翻译成sister；姨子、嫂子、弟媳都翻译成sister-in-law；而堂兄、堂弟、堂姐、堂妹、表兄、表弟、表姐、表妹都翻译成cousin。

（三）父系和母系的区别

在汉语中，同辈亲属之间由于父系、母系的区别，亲属称谓也不同。例如，伯（或叔）—舅、侄—甥、父—岳父（丈人）、母—岳母（丈母娘）、姑—姨、堂兄—表兄。

而英语的亲属称谓则没有父系和母系的区别，如uncle、aunt、nephew、cousin等都没有父系亲属和母系亲属的区别。汉语中的祖父、外祖父都翻译成grandfather，祖母、外祖母都翻译成grandmother；伯祖父、叔祖父、姑公、舅公、姨公都翻译成granduncle，而伯祖母、叔祖母、姑婆、舅婆、姨婆都翻译成grandaunt；伯父、叔父、姑父、舅父、姨父都翻译成uncle，而伯母、叔母、姑母、舅母、姨母都翻译成aunt。

（四）血亲和姻亲的区别

血亲是由血缘发展起来的亲戚，而姻亲是由婚姻关系发展起来的亲戚。在汉语中，同辈亲戚之间由于血亲和姻亲的不同，称谓也各不相同。例如，现代称谓中的哥哥—姐夫、姐姐—嫂嫂等。

而在英语中亲属称谓没有血亲和姻亲的区别。英语中的岳父和公公在英语中都翻译成father-in-law，而岳母和婆婆都翻译成mother-in-law。

（五）直系和旁系的区别

汉语中同辈亲属之间由于直系和旁系的区别，他们的称谓也不同，如父—叔、女—侄女、甥女等。

而在英语中亲属称谓并没有直系和旁系的区别。

四、中西社会称谓词对比与翻译

社会称谓表现了一定的社会礼制，并受伦理习俗与社会制度的制约。中国向来都是礼仪之邦，西方则是一个自由民主的社会。不同的社会制度造就了特点不同的社会称谓。与封建宗法制社会相对应，中国的社会称谓等级性很强，并且复杂多样。而与基督教神学相对应，西方的社会称谓等级性较弱，并且比较简单。

（一）拟亲属称谓词

在我国，没有亲属关系的人之间也会使用表示亲属关系的称谓。这种称谓词模拟了亲属称谓，改变了称谓词原来的用法，我们把它叫作拟亲属称谓词。使用拟亲属称谓词反映了人们的"趋近"心理，缩小了谈话双方的距离，密切了彼此的关系，被称呼者也能感受到来自称呼者的礼遇和尊重。

父母是亲属关系中最亲近的关系。汉语中通常称与自己父母年龄相近的长辈为"大叔、大婶"和"大伯、大娘"。称父辈的女子包括保姆等为"阿姨"。这些词在翻译上有很大的困难。如果将"王叔叔"译成uncle Wang，西方人就很难弄明白uncle Wang与说话人之间是什么关系。在西方文化中，如果没有亲属关系，通常称呼姓名，或者是先生、女士（夫人）。所以，汉语中的"王叔叔"翻译成英语应该是Mr.Wang，其他的类似称谓也是这样翻译。

除了父母外，亲属中兄弟姐妹之间的关系最为亲密。在中国常有一些没有亲属关系的人为了增进彼此间的友谊,彼此以兄弟姐妹相称。对于同辈的成年男子通常称呼为"老兄、大哥"或者是"老弟、兄弟",而同辈的成年女子一般称为"大嫂、姐姐"或者是"小妹、妹妹"。也有些城市的青年男女互称"哥儿们"和"姐儿们"。如果将汉语中的"姐妹儿"翻译成 sister,西方人就很难明白俩人的关系。在英语中同辈朋友之间,或者是同学、同事之间通常互称姓名,或者向他人表明两个人是同学或朋友的关系。

(二)汉语中的敬称与谦称

中国受封建君主专制制度和儒家礼制的影响较大,所以中国人喜欢用恭敬的口吻称呼他人,借以抬高他人,而用谦恭的口吻称呼自己以表达自己谦恭的态度。于是便有了汉语中的敬称与谦称。汉语中的敬称与谦称主要有以下几种。

(1)称对方的父母(敬称):令尊、令翁、尊大人、尊侯、尊君、尊翁

称自己的父亲(谦称):家父

翻译成英语分别为:your father,my father

(2)称对方的母亲(敬称):令堂、令慈、令母、尊夫人、尊上、尊堂

称自己的母亲(谦称):家母

翻译成英语分别为:your mother,my mother

(3)称对方的妻子(敬称):太太、夫人、令妻、令正、贤内助、贤阁

称自己的妻子(谦称):妻子、爱人、内人、贱内

翻译成英语分别为:your wife,my wife

(4)称对方的兄弟姐妹(敬称):令兄、令弟、令妹、尊兄、尊姐

称自己的兄弟姐妹(谦称):家兄、家姐、舍弟、舍妹

翻译成英语分别为:your elder/younger brother/sister,my elder/younger brother/sister

(5)称对方的儿子和女儿(敬称):令嗣、令郎、令子、令媛、令爱

称自己的儿子和女儿(谦称):犬子、小女、息女

翻译成英语分别为:your son,your daughter,my son,my daughter

(6)称对方的著述(敬称):大著、大作、大稿

称自己的著述(谦称):拙译、拙文、拙著

翻译成英语分别为:your writing,my writing

(7)称对方的住所(敬称):府上、尊府

称自己的住所(谦称):舍下、寒舍

翻译成英语分别为:your house,my house

(8)称对方的见解(敬称):高见

称自己的见解(谦称):鄙见、管见、愚见

翻译成英语分别为:your opinion,my opinion

五、中西典型节日对比

（一）春节和圣诞节

春节和圣诞节作为中西方两个重大的传统节日，都表现了家族团圆和欢乐祥和的氛围。

春节俗称"过年"，是中国人亲情的展示。从上一年的腊月二十三开始，俗称"过小年"，家家户户开始为春节做准备，大扫除、贴春联、挂灯笼，扫除旧的一年的晦气，迎接新的一年的喜气。春节的前一天，全家人齐聚一堂共进晚餐，吃"年夜饭"，寓意团圆吉祥。从大年初一直到正月十五，人们都沉浸在节日的气氛中，大家纷纷走亲访友，拜年祝福，祈求新年平安喜乐。

西方与春节类似的节日是圣诞节。圣诞节是西方国家一年当中最重要的节日。圣诞节从12月24日一直到新一年的1月6日。圣诞节期间，西方人喜欢以红、白、绿三种颜色为吉祥色。人们在绿色的常青树上挂满五颜六色的礼物和彩灯，点燃红色的蜡烛，等待圣诞老人的降临。西方的圣诞节也注重家人的聚会，一家人围坐在圣诞树下，共进晚餐，共唱圣诞歌，为新的一年祈福。

（二）清明节和万圣节

清明节也是中国很重要的传统节日，清明节这天，人们一起去上坟扫墓、踏青赏春。人们举行简单的仪式，为祖先的坟墓清除杂草、添土烧纸，表达对逝者的怀念。"清明时节雨纷纷，路上行人欲断魂。借问酒家何处有，牧童遥指杏花村。"杜牧的《清明》既表现了节日情境，也蕴涵着中华民族崇尚生命、敬重祖先的文化内涵。

万圣节在西方是第三大节日，仅次于圣诞节和感恩节。在这一天，人们可以随意装扮自己。孩子们会在万圣节前夕恶作剧，背上布袋挨家挨户地按门铃，如果有人开门，他们就喊"Trick or treat."如果被拒绝，孩子们就会捉弄开门的人。人们会在万圣节大游行的时候随意聊天，尽情享受节日的轻松愉快，感受大自然带来的和谐之美。

（三）七夕节和情人节

在中国，农历七月初七是"七夕节"。七夕节是一个关于爱的节日，是为了纪念牛郎和织女之间美丽而又忧伤的爱情故事。"纤云弄巧，飞星传恨，银汉迢迢暗度。金风玉露一相逢，便胜却人间无数。柔情似水，佳期如梦，忍顾鹊桥归路。两情若是久长时，又岂在朝朝暮暮。"秦观的《鹊桥仙》对他们的爱情做了最甜蜜的注解。每到这一天晚上，人们就会仰望星空，寻找牛郎织女星，并为他们祈祷。年轻的姑娘会在这一天默默祈求上天，希望自己能够获得坚贞的爱情和美满的婚姻。

西方的情人节是每年的2月14日。在这一天，会有情人表达爱意，也有人手捧玫瑰向心爱已久的人大胆求婚。西方的情侣们追求的是一种浪漫，很多情人会在这一天互赠礼物，并以收到情人的礼物为荣。通常巧克力和玫瑰是最甜蜜的礼物搭配。这一天，街上到处都是手捧玫瑰的情侣，到处都洋溢着节日的浪漫。

（四）重阳节和感恩节

中国的重阳节在农历的九月初九，是为了纪念东汉时期的恒景用茱萸叶和菊花酒驱除瘟魔的故事。由于双九在中国的传统观念中有健康长寿、生命长久的意思，所以重阳节也被称为"老人节"。在中国，重阳节成了尊老、爱老、敬老、助老的节日。在这一天，人们登山赏景、临水玩乐，尽享自然，并表达自己对前辈老人的尊敬和对大自然的感恩。

美国的感恩节是每年11月的第四个星期四。感恩节最早是清教徒为了感谢上帝，感谢丰收举行的宗教仪式。1863年，为了鼓励人们继承祖先的精神，才正式将感恩节定为法定假日。在感恩节这一天，整个美国都非常热闹。戏剧表演、体育比赛、化装游行充斥着全国的街道。人们都到教堂做感恩祈祷。那一天远离家乡的人都会赶回家和亲朋好友相聚。人们围坐在南瓜、蔬菜、火鸡旁边，畅聊心事。有些家庭还会做一些游戏，如玉米游戏和南瓜赛跑等。

六、中国节日的英译方法

由于中国的节日有其特殊的渊源和特色，所以对于中国节日的翻译不能使用千篇一律的方法，更不能随意翻译。对中国节日的翻译可以采用以下几种方法。

（一）直译

直译，即字面翻译，是指保持原文内容和形式的翻译方法。直译在保证原文特点的同时也让读者接受了原文的文学风格。例如，春节、建军节、中国青年节等，这些节日都可以采用直译的方法。春节中的"春"翻译成 spring，"建军"翻译成 army，"中国青年"翻译成 Chinese youth，所以这三个节日分别翻译成 the Spring Festival、the Army Day、Chinese Youth Day。这样的翻译既坚持了翻译的原则，又避免了翻译太过僵硬。

（二）根据习俗翻译

根据习俗翻译是指按照人们庆祝节日的方式和内容进行翻译。在中国，每一个节日的庆祝方式都是不同的，都有其独有的特色。例如，中国的端午节是为了纪念伟大的爱国诗人屈原，在端午节这天中国人都要吃粽子、赛龙舟。因此，通常将端午节翻译成 the Dragon Boat Festival。而中国的中秋节是为了纪念嫦娥和后羿的爱情故事。中国人在这一天都要赶回家和家人一起赏月吃月饼，期盼团团圆圆，所以中秋节通常翻译成 the Moon Festival。西方人可以从中国节日的英译名字当中了解到一些中国的节日习俗。

（三）根据农历日期翻译

中国是个以农为本的国家，一些传统节日多用来祈求农业丰收，风调雨顺。因此，大部分中国节日都与农历有关。例如，重阳节是农历九月初九，据说在这一天插茱萸可以让自己身体健康，驱赶瘟魔；而七夕节是农历的七月初七，是为了纪念牛郎织女。因此，这两个节日可以翻译成 the Double Ninth Festival 和 the Double Seventh Festival。

有一些节日可以有几种翻译，如中秋节既可以翻译成 the Mid-Autumn Festival，又可以翻译成 the Moon Festival。清明节既可以翻译成 the Qingming Festival，也可以翻译成 Tomb-Sweeping Day。

对中国传统节日的翻译不一定要拘泥于表面形式，而要根据中国的习俗，灵活运用多种翻译方法，将中国节日的内涵准确清晰地传达给世界各国。

第二节 中西饮食文化与翻译对比

由于地理环境、自然气候、风俗习惯等方面的差异，每个国家在饮食方面都各有自己的特点。此外，受宗教信仰、历史条件等因素的影响，饮食行为还在不断的发展变化中演化出丰富多彩的饮食文化。下面就从菜肴、酒、茶等方面来对比中西饮食文化的差异并探讨相应的翻译方法。

一、中西菜肴文化对比

（一）中西菜类的对比

纵观西方国家的发展历史，他们大都以渔猎、养殖为主业，而采集、种植等只能算是一种补充。因此，西方的饮食对象多以肉食为主。进入工业社会后，食品的加工更加快捷，因此发达的快餐食品和食品工业成为西方人的骄傲。总体来说，受游牧民族、航海民族文化的影响，西方人的食物品种较为简单，工业食品也往往千篇一律，但这些食品制作简单、节省时间，营养搭配也较为合理。

作为一个农业大国，中国的饮食对象毫无疑问主要来自农业生产，概括来说包括以下几个种类。

1. 主食类

中国的传统主食有明显的地域特色，北方以面条和馒头为主食，而南方则以米饭为主食。此外，马铃薯、山药、芋头等薯类作物由于淀粉含量高，在一些地方也被当作主食。

2. 辅食类

中国深受佛教的影响。由于佛教将植物视为"无灵"，因此蔬菜成为中国的主要辅食。据统计，中国人吃的菜蔬有600多种，是西方人的若干倍。

3. 肉食类

在古代，中国人是很少吃肉的。《孟子·梁惠王上》曾有这样的记载，"鸡豚狗彘之畜，无失其时，七十者可以食肉矣"。值得注意的是，随着生活水平的提高，肉食也逐渐走上百姓的餐桌。

（二）中西烹调方式的对比

西方国家对食材的分类较为简单，常将各种食材混合在一起进行烹调。因此，西方的烹调方式也相对单一，主要包括炸、烤、煎等几种。不难看出，这种烹调方式虽然可以对营养进行合理搭配，但其制作过程却缺少一些文化气息或艺术氛围。值得一提的是，西方国家非常注重营养，尤其是青少年的营养供给，因此很多中小学校都配备了专业的营养师。

中国是饮食大国，中华民族的饮食文化可谓博大精深、源远流长，技术高超、品种丰富是中国烹调方式的主要特点。具体来说，对食材不仅会依据冷热、生熟、产地等进行分类，加工方法也异常丰富，如炒、煎、炸、烹、蒸、烧、煮、爆、煨、炖、熏、焖、烤、烘、白灼等。此外，中国地大物博，中国人常常就地取材，并根据地域特色来变换加工方式，从而形成了八大菜系，即京菜、鲁菜、川菜、湘菜、粤菜、苏菜、徽菜、闽菜，充分体现出中国人的聪明与智慧。

（三）中西饮食观念的对比

根据基督教的教义，人应尊重灵魂，保持理智，因此应抑制肉体的欲望。受其影响，西方人普遍认为，饮食不是满足口腹之欲的工具，而应成为获取营养的手段。所以，西方人大都持有理性饮食观念，以保证营养的摄取为根本原则，更多地考虑各种营养素，如碳水化合物、蛋白质、维生素、脂肪等是否搭配合理，卡路里的摄取量是否合适等。如果烹调会对营养带来损失，他们宁可食用半生不熟甚至未经任何加工的食物。

与西方人不同，中国人多持一种美性饮食观念，不太关注食物中的营养而是更加注重其口感、观感与艺术性，即追求菜肴的"色、香、味、形、器"。此外，中国人将阴阳五行学说也运用到菜肴的烹调上，使各种食材与各种味道互相渗透，从而达到"五味调和百味香"的境界。可见，"民以食为天，食以味为先"的观念在中国已经深入人心。但是，从客观上来看，不注意营养而过度追求味觉的观点有其片面性。

二、中西菜肴文化翻译

中国菜肴的命名方式多姿多彩，有的浪漫，有的写实，有的菜名具有很强的艺术性。因此，在进行菜名的翻译时应具体问题具体分析，灵活运用多种翻译方法，概括来说包括以下几种。

（一）直译

以写实方法来命名的菜肴直接体现了菜肴的主料、配料、调料以及制作方法等信息。在翻译这类菜名时，可直接采取直译的方法。

1. 烹调法 + 主料名
例如：
盐焗信封鸡 salt baked Xinfeng chicken
脆皮锅酥肉 deep fried pork
清蒸鲈鱼腩 steamed perch-flank
清蒸鳜鱼 steamed mandarin fish
五香兔肉 spiced hare
白灼螺片 med sliced whelk
涮羊肉 instant boiled mutton
白切鸡 steamed chicken

2. 烹调法 + 主料名 +with/in+ 配料名 / 调料名
例如：
红烧鲤鱼头 stewed carp head with brown sauce
杏仁炒虾仁 fried shrimps with almonds
蚝汁鲍鱼片 fried abalone slices with oyster oil
奶油鱼肚 fried fish with cream sauce
草菇蒸鸡 steamed chicken with mushrooms
咸水虾 boiled shrimps with salt
酿豆腐 bean curd stuffed with minced pork
油焖笋 stewed bamboo shoots with soy sauce
糖醋松子鳜鱼 fried mandarin fish with pine nuts and with sweet and sour sauce
荷叶粉蒸鸡 steamed chicken in lotus leaf packets
冬笋炒鱿鱼 fried squid with fresh bamboo shoots
腐乳汁烧肉 stewed pork with preserved bean curd
滑蛋牛肉 fried beef with scrambled eggs
冬菇菜心 fried winter mushrooms with green cabbage
咖喱牛肉 fried beef with curry
辣味烩虾 braised prawns with chilli sauce

3. 烹调法 + 加工法 + 主料名 +with/in+ 配料名 / 调料名
例如：
红烧狮子头 stewed minced pork balls with brown sauce

肉片烧豆腐 stewed sliced pork with bean curd
雪菜炒冬笋 fried cabbage with fresh bamboo shoots
碧绿鲜虾脯 fried minced shrimps with vegetables
鸡茸海参 fired sea cucumbers with mashed chicken
蟹肉海参 fired sea cucumbers with crab meat
青椒肉片 fried sliced pork with green chilli
蚝油鸡球 chicken balls with oyster sauce

4. 烹调法（+加工法）+主料名+and+配料名/调料名

例如：

凤肝虾仁 fired shelled shrimps and chicken liver
虾仁扒豆腐 stewed shelled shrimps and bean curd
红烧什肉虾仁豆腐 fired bean curd, shelled shrimps and mixed meat with brown sauce
甲鱼裙边煨肥猪肉 stewed calipash and calipee with fat pork

（二）意译

以写意法来命名的菜肴常常为了迎合食客心理，取的都是既悦耳又吉利的名字，而这些名字则将烹调方式、原料特点、造型外观等进行了归纳，因此食客很难从名字上了解该菜肴的原料与制作方法。在翻译这类菜名时，为准确传达其内涵，应采取意译法。例如：

全家福 stewed assorted meats
龙凤会 stewed snake & chicken
蚂蚁上树 bean vermicelli with spicy meat sauce
玉版禅师 stewed potatoes with mushrooms
一卵双凤 chicken steamed in watermelon（two phoenix hatched from one egg）
雪积银钟 stewed mushrooms stuffed with white fungus
游龙戏凤 stir-fried prawns & chicken

（三）直译+意译

有些菜肴的命名采取写实与写意相结合的方法，既可以展示主要原料与烹调方法，又具有一定的艺术性。相应地，翻译时应综合运用直译法与意译法，以更好地体现菜名的寓意。例如：

木须肉 fried pork with scrambled eggs and fungus
炒双冬 stir-fried mushrooms and bamboo shoots
三鲜汤 soup with fish, shrimp and pork balls

芙蓉鸡片 fried chicken slices with egg white
牡丹蔬菜 fired mushrooms and bamboo shoots in poeny shape
翡翠虾仁 stir-fried shrimps with peas
三蛇龙虎会 fricassee snake and cat
红烧四喜肉 braised brisket with brown sauce
生蒸鸳鸯鸡 steamed frogs
五柳石斑鱼 steamed tenth with assorted garnished
凤爪炖甲鱼 steamed turtle and chicken's feet soup
百花酿北菇 mushrooms stuffed with minced shrimps
红烩虎皮鸽蛋 boiled and fried pigeon eggs, stewed with brown sauce

（四）直译 + 解释

中国的许多菜名具有丰富的历史韵味与民俗情趣。具体来说，有的与地名有关，有的与某个历史人物有关，还有的则来自故事、传说或典故。为了将其文化内涵准确传递出来，译者应以直译法为主，必要时还可进行适当解释。例如：

叫花鸡 beggar's chicken
东坡肉 Dongpo braised pork
炒罗汉斋 stewed vegetables "Luohan Zhai"
宋嫂鱼羹 Sister Song's fish potage
宫保鸡丁 fried diced chicken in Sichuan style
北京烤鸭 Beijing roast duck
成都仔鸡 stir-fried spring chicken in Chengdu style
西湖醋鱼 West Lake vinegar fish
白云（宾馆）香液鸡 boiled chicken with spicy sauce in Baiyun Hotel
东江酿豆腐 beancurd stuffed with minced pork in Dongjiang style
大救驾 Shouxian County's kernel pastry (*Dajiujia*—a snack that once came to the rescuc of an emperor)
佛跳墙 assorted meat and vegetables cooked in emhers (*Fotiaoqiang*—lured by its smell, even the Buddha jumped the wall)

三、中西酒文化对比

酒一问世便与人们的日常生活紧密联系在一起，已成为饮食文化的重要组成部分。同时，饮酒也是世界各国共有的现象，由此形成了异彩纷呈的酒文化。

（一）酒的起源对比

在西方国家，最有影响力的关于酒的起源的说法是"酒神造酒"，但酒神却有着不同的版本。古埃及人眼中的酒神是死者的庇护神奥西里斯，而希腊人眼中的酒神是狄奥尼索斯。传说狄奥尼索斯是宙斯与底比斯公主塞密莉的儿子，后来在小亚细亚色雷斯和希腊地区流浪。在流浪的过程中，他向人们传授葡萄种植与酿酒的技术。于是，欧洲大陆飘起了酒香。总之，西方通常将酒视为神造的产物和丰收的象征，体现他们对酒神的崇拜。

中国的酒文化内容丰富，关于酒的起源也众说纷纭，其中比较有影响力的是以下三种观点。

1. 古猿造酒说

自然界的各种果实都有自己的生长周期，为了保证持续的果实供应，以采集野果为生的古猿猴逐渐具备了藏匿的技能。传说在洪荒时代，古猿将一时吃不完的果实藏于石洼、岩洞之中。随着时间的推移，这些野果中的糖分通过自然发酵而变成了酒精、酒浆，酒就这样诞生了。

2. 仪狄造酒说

传说在远古的夏禹时期，夏禹的女人命令仪狄去酿酒，仪狄经过一番努力终于酿出了美酒，夏禹品尝后赞不绝口。后来，夏禹因担心饮酒过度、耽误国事，不仅自己与酒绝缘，也没有给仪狄任何奖励，这一传说在《吕氏春秋》《战国策》以及《说文解字》中都有记载。例如，《战国策》中曾说，"帝女令仪狄作酒而美"。

3. 杜康造酒说

杜康在中国历史上是一个真实的人物，《世本》《吕氏春秋》《战国策》《说文解字》等文献中都对杜康有记载。但关于杜康，怎样开始造酒却有两种不同的说法。一种说法认为，杜康是一位牧羊人，在一次放羊途中不慎将装有小米粥的竹筒丢失。等半个月后找到竹筒时，意外地发现小米粥已发酵成为醇香扑鼻的琼浆。另一种说法认为，杜康非常节俭，吃不掉的饭菜不舍得扔掉，而是将其倒入中空的桑树洞中。过了一段时间，树洞里飘出了芳香的气味，原来是残羹剩饭在树洞里发酵了。杜康大受启发，便开始酿酒。

目前，中国普遍将仪狄或杜康视为中国的酒祖。

（二）中西酿酒原料对比

一个地区农产品的种类、数量与质量在很大程度上受到水质、气候、土壤等自然条件的制约。中西方由于地理条件的不同，其酿酒原料也有很大不同。

作为西方文明摇篮的古希腊处于地中海东北端，这里三面环海，土壤贫瘠，冬季温暖多雨，夏季炎热干燥，尽管不适合农作物的生长，却对具有超强耐旱能力的葡萄的生长非常有利。另外，由于土壤贫瘠，葡萄树的根往往很深，这也使得结出的果实质量很高。于是，西方人就开始大量使用葡萄酿酒，并使葡萄酒成为西方酒文化的代名词。葡萄酒、香槟、白兰地等品种都以葡萄为原料。

中华文化发源于黄河流域，这里气候温和，土壤肥沃，小麦、高粱等粮食作物长势良好,早在一万多年前就成为世界上最早的三个农业中心之一。在这种情况下,人们就把多余的粮食用来酿酒,形成了具有中国特色的酒文化。概括来说,中国的酿酒原料主要包括高粱、小麦、粟、稻谷等,白酒、黄酒是中国酒的典型代表。

(三)中西饮酒文化对比

酒是一种物质文明,但饮酒却是一种精神文明,也是一国文化的重要组成部分。中西方国家由于文化观念上的差异,形成了迥然不同的饮酒文化。

西方人在饮酒时比较注重运用身体器官去享受酒的美味,因此他们往往会根据味觉规律变化来安排饮酒的次序,如先品较淡的酒后品浓郁的酒。如果是参加聚会或者宴会,则一般遵循开胃酒、主菜佐酒、甜点酒、餐后酒的顺序。西方人在喝酒时气氛相对缓和,既不高声叫喊也不猜拳行令,斟酒时提倡倒杯子的三分之二,而敬酒则通常在主菜吃完、甜菜未上之前进行。此外,敬酒时应将酒杯举至眼睛的高度,同时要注视对方以表示尊重。被敬酒的那一方不需要喝完,敬酒方也不会劝酒。值得一提的是,西方人非常注重酒具的选择。具体来说,他们出于对酒的尊重,常常选择一些能使饮酒者充分享受美酒的酒具,如让酒体充分舒展开来的滗酒器、让香气汇聚杯口的郁金香形高脚杯等。

中国素有"礼仪之邦"的美称,而这种礼仪通过饮酒方式得以充分体现,具体来说表现在以下几个方面。

1. 饮酒要有酒德

孔子在《论语·乡党》中指出:"唯酒无量,不及乱。"每个人的酒量不尽相同,因此对饮酒的数量没有硬性规定,但应以酒后能保持神志清楚为底线。

2. 饮酒要讲究长幼尊卑

中国人在饮酒时更加注重气氛及饮酒者的情绪,因此倒酒应"以满为敬",喝酒应"先干为敬"。敬酒有固定的顺序,即先由主人敬酒,然后才可由其他人敬酒。在选择敬酒对象时,应从最尊贵的客人开始。此外,下级对上级、晚辈对长辈要主动敬酒,碰杯时下级或晚辈的酒杯要低于上级或长辈的,不仅要说敬酒词而且还要先干为敬,为表示诚意,也为让客人尽兴,主人还常常举行一些活动以带动气氛,如划拳、行酒令等。

四、中西酒文化翻译

中西方不同的酒文化为翻译带来了一定的障碍,因此译者应将音译、直译、意译及解释性翻译等多种翻译方法进行综合运用,从而将酒文化的深层含义准确传递出来。

（一）音译

例如：我和平儿说了，已经抬了一坛好绍兴酒藏在那边了。我们八个人单替你过生日。

（曹雪芹《红楼梦》第六十三回）

I've also arranged with Pinger to have a vat of good Shaoxing wine smuggled in.The eight of us are going to throw a birthday party for you.

（杨宪益、戴乃迭译）

芳官道："藕官蕊官都不上去，单我在那里也不好。我也不惯吃那个面条子，早起也没好生吃。才刚饿了，我已告诉了柳嫂子，先给我做一碗汤盛半碗粳米饭送来，我这里吃了就完事。若是晚上吃酒，不许教人管着我，我要尽力吃够了才罢。我先在家里，吃二三斤的好惠泉酒呢。如今学了这劳什子，他们说怕坏嗓子，这几年也没闻见。乘今儿我是要开斋了。"

（曹雪芹《红楼梦》第六十二回）

"If Ouguan and Ruiguan aren't there, only me, that's no good. Besides, I don't like noodles. I didn't have a proper meal this morning and I'm hungry, so I've told Mrs.Liu to prepare me a bowl of soup and half a bowl of rice and send them here. I'll eat here. If we're drinking tonight you mustn't let anyone stop me—I mean to drink my fill. At home, in the old days, I used to be able to drink two or three catties of good Huiquan wine, but after I learned this wretched singing they said drinking might spoil my voice, so for the last few years I haven't so much as smelt a whiff of wine. I shall take the chance today to break my fast."

（杨宪益、戴乃迭译）

（二）直译

例如：当下吃了早饭，韦四太爷就叫把这坛酒拿出来，兑上十斤新酒，就叫烧许多红炭，堆在桂花树边，把酒坛顿在炭上。过一顿饭时，渐渐热了。张俊民领着小厮，自己动手把六扇窗格尽行下了，把桌子抬到檐内。大家坐下，又备的一席新鲜菜。杜少卿叫小厮拿出一个金杯子来，又是四个玉杯，坛子里舀出酒来吃。韦四太爷捧着金杯，吃一杯，赞一杯，说道："好酒。"吃了半日。王胡子领着四个小厮，抬到一个箱子来。

（吴敬梓《儒林外史》第三十一回）

When they had breakfast. Mr.Wei brought out the wine and added ten catties of new wine to it, then ordered the servants to light plenty of charcoal and pile it when it was red by the cassia trees, setting the jar of wine on top. After the time it takes for a meal, the wine was hot. Zhang Junmin helped the servant take down the six window frames and move the table to under the eaves. They then took seats, and fresh dishes were served. Du Shaoqing called for one gold and four jade cups, which he filled by dipping them into the wine. Mr.Wei had the gold cup, and after each drink exclaimed: "Marvelous!" They had feasted for some time when Whiskers Wang led in four servants carrying a chest.

（杨宪益、戴乃迭译）

　　宝玉便要了一壶暖酒，也从李婶、薛姨妈斟起，二人也让坐。贾母便说："他小，让他斟去，大家倒要干过这杯。"说着，便自己干了。邢、王二夫人也忙干了，让他二人。薛、李也只得干了。贾母又命宝玉道："连你姐姐妹妹一齐斟上，不许乱斟，都要叫他干了。"宝玉听说，答应着，一一按次斟了。至黛玉前，偏他不饮，拿起杯来，放在宝玉唇上边，宝玉一气饮干。黛玉笑说："多谢。"宝玉替他斟上一杯。凤姐儿便笑道："宝玉，别喝冷酒，仔细手颤，明儿写不得字，拉不得弓。"

（曹雪芹《红楼梦》第五十四回）

Baoyu now called for a pot of warm wine to toast Aunt Li and Aunt Xue, who both begged him to be seated. "Let the boy fill your cups," said the Lady Dowager. "Mind you empty them." She drained her own cup then. And when Lady Xing and Lady Wang followed suit, Aunt Xue and Aunt Li had to drink up too. "Fill your cousins'cups," the old lady told Baoyu. "See that you do it properly and make them all drink up." Baoyu assented and filled every cup in turn. When he came to Daiyu she refused to drink but held the cup up to his lips, thanking him with a smile when he tossed it off. He poured her another cup. "Don't drink cold wine,Baoyu," warned Xifeng. "If you do,your hands will tremble too much to write or draw your bow later on."

（杨宪益、戴乃迭译）

（三）意译

　　例如：沈天孚回家来和沈大脚说。沈大脚摇着头道："天老爷！这位奶奶可是好惹的！他又要是个官，又要有钱，又要人物齐整，又要上无公婆，下无小叔、姑子。……酒量又大，每晚要炸麻雀、盐水虾，吃三斤百花酒。"

（吴敬梓《儒林外史》第二十六回）

When Shen Tianfu went home and told his wife about this,Big Foot shook her head. "Heavens!" she exclaimed. "That woman is hard to please! She wants a husband who's rich, Handsome and an official; and there mustn't be any mother-in-law, father-in-law, brothers-in-law or sisters-in-law…She's big drinker too. Every evening she drinks three catties of sweet wine with fried sparrows and sea-shrimps."

（杨宪益、戴乃迭译）

　　宝钗笑道："把个酒令的祖宗拈出来。'射覆'从古有的，如今失了传，这是后人纂的，比一切的令都难。这里头倒有一半是不会的，不如毁了，另拈一个雅俗共赏的。"探春笑道："既拈了出来，如何又毁。如今再拈一个，若是雅俗共赏的，便叫他们行去。咱们行这个。"说着，又叫袭人拈了一个，却是"拇战"。史湘云笑着说："这个简断爽利，合了我的脾气。我不行这个'射覆'，没的垂头丧气闷人，我只划拳去了。"探春道："惟有他乱令，宝姐姐快罚他一盅。"宝钗不容分说，便灌湘云一杯。

（曹雪芹《红楼梦》第六十二回）

"You've picked the ancestor of all drinking games," chuckled Baochai. "It was played in ancient times, but the original rules have been lost now. What we have is a later version, more difficult than all other drinking games. Half of us here wouldn't be able to play it. Better scrap this and pick one to suit all tastes."

"As this has already been picked," Tanchun objected, "How can we scrap it? Pick another as well, and if that one's more popular let the others play that while we play this first one."

She told Xiren to draw another lot, and this proved to be the finger-guessing game.

"This is simple and quick, it suits me!" chortled Shi Xiangyun. "I shan't play conundrums; that's too boring and depressing. I shall guess fingers."

"She's broken the rules." cried Tanchun. "Quick, Cousin Baochai, make her drink a cup as a forfeit."

Baochai laughingly forced Xiangyun to drain a cup.

（杨宪益、戴乃迭译）

（四）解释性翻译

例如：杜少卿走进去问娘子可晓得这坛酒，娘子说不知道。遍问这些家人、婆娘，都说不知道。后来问到邵老丫，邵老丫想起来道："是有的。是老爷上任那年，做了一坛酒埋在那边第七进房子后一间小屋里，说是留着韦四太爷同吃的。这酒是二斗糯米做出来的，二十斤酿，又对了二十斤烧酒，一点水也不掺。而今埋在地下足足有九年零七月了。这酒醉得死人的，弄出来，少爷不要吃！"

（吴敬梓《儒林外史》第三十一回）

Du Shaoqing went to the inner chambers to ask his wife if she knew anything about this wine, but she did not. He asked all the servants and maids, but none of them knew. Last of all, he questioned his wet-nurse Shao.

"There was such a jar," she recalled. "The year that our late master became prefect he brewed a jar of wine and buried it in a small room at the back of the seventh courtyard. He said it was to be kept for Mr. Wei. The wine was made of two pecks of glutinous rice and twenty catties of fermented rice. Twenty catties of alcohol went into it too, but not a drop of water. It was buried nine years and seven months ago, so it must be strong enough now to blow your heads off. When it's dug up, don't drink it, sir!"

（杨宪益、戴乃迭译）

老太太道:"你来了,不是要行令吗?"鸳鸯道:"听见宝二爷说老太太叫我,敢不来吗?不知老太太要行什么令儿?"贾母道:"那文的怪闷得慌,武的又不好,你倒是想个新鲜玩意儿才好。"鸳鸯想了想道:"如今姨太太有了年纪,不肯费心,倒不如拿出令盆骰子来,大家掷个曲牌名儿赌输赢酒罢。"贾母道:"这也使得。"便命人取骰盆放在桌上。鸳鸯说:"如今用四个骰子掷去,掷不出名儿来的罚一杯,掷出名儿来,每人喝酒的杯数儿,掷出来再定。"众人听了道:"这是容易的,我们都随着。"

(曹雪芹《红楼梦》第一百零八回)

"So here you are, eh?" said the Lady Dowager. "We want to play drinking games."

"I came because Master Bao told me you wanted me, madam. What game would you like to play?"

"Those literary games are terribly dull, but rowdy ones are no good either. You must think of something fresh."

After a moment's reflection Yuanyang said, "Aunt Xue at her age doesn't like to cudgel her brains, so why don't we fetch the dice-pot and toss for the names of melodies, making the losers drink?"

"Very well." The old lady sent for the dice-pot and had it put on the table.

"We'll throw four dice," Yuanyang announced, "Anyone who fails to produce a name must drink one cup as forfeit. If a name is thrown, the others will have to drink according to the pips."

"That sounds simple," said the rest. "We'll do as you say."

(杨宪益、戴乃迭译)

五、中西茶文化对比

无论在西方国家还是在中国,茶都是一种非常常见的饮料,人们常常在饮茶的过程中相互交流感受、交换思想,从而实现有效的交际。由于社会历史条件的不同,中西方国家形成了各自独特的茶文化。

(一)西方的茶文化

茶原产于中国,后经丝绸之路传入西方。目前可查的关于茶的最早记录是《塞缪尔日记》,其中写道:"我喝了一杯以前从未喝过的茶。"而这一天是1660年9月25日。因此,可以推测茶就是那个时候被运往西方国家的。英语中的茶叶是tea,这一发音源于中国香港。换句话说,中国香港当时把茶叫作[ti:],因此在传入西方时也沿用了这一发音,后来演变成了用英语来拼写的tea。这也证明了中国是茶的故乡。

1750年,英国人托马斯·肯特撰写了《茶经》,对种茶、采茶、制茶、泡茶等进行了介绍，这大概是西方最早的一本品茶学专著了。在此之前，就有一位叫托马斯·加雅的咖啡店主在自己店里举办了英国历史上第一次茶叶大展卖，并大获成功。由于他们的大力推进以及人们的积极参与，茶在英国逐渐流行起来。

英国人爱喝茶是众所周知的。饮茶已成为英国皇室和举行重大社会事件时的重要内容。具体来说，饮茶已成为英国女王生活中必不可少的一件事情，在处理民生、国家利益等重要事务时，饮茶还是不可或缺的一项重要仪式。此外，饮茶还是英国人在工作之余的一种重要的休闲方式，不仅有早茶、午茶和晚茶之分，还配有各种小茶点。可见，饮茶已完全融入了英国人的日常饮食，成为与"一日三餐"一样重要的部分。

德国人也非常喜欢饮茶，且形成了独特的"冲茶"习惯，即在茶壶上放一个漏斗，漏斗上放一个细密的金属筛子，将茶叶放在筛子上面，然后用沸水不断冲洗茶叶，茶水便流到茶壶内。用这种方法冲出的茶水颜色非常淡。此外，德国人还饮用"花茶"，即将各种花瓣与苹果、山楂等果干混合在一起。不难看出，他们的花茶没有一片茶叶，是"有花无茶"。

法国的咖啡馆举世闻名，但饮茶在法国也成为一种时尚。法国人不仅进口茶叶，还积极学习东方的茶道文化。目前，巴黎就有许多东方文化色彩的茶座。

美国虽是咖啡王国，但却有一半人喝茶。此外，美国的茶叶销售额也十分惊人，每年可超过10亿美元。值得一提的是，美国人不像中国人那样喜欢饮热茶，他们更喜欢喝凉茶甚至冰茶。从饮茶方式来看，他们更多的是饮用罐装的，加入了奶、糖、咖啡等其他成分的冷饮茶而不是即时加工的茶水。

综上所述，西方国家从中国引进了茶叶，但他们并不是机械地传承中国茶文化的内涵，而是将中国的茶文化与各自的民族文化相结合，从而使饮茶方式不断得以发展。

（二）中国的茶文化

《神农本草》出现于战国时期，是世界上最古老的药书，"茶"字最早就出现在这本书中。公元758年，唐代陆羽完成了《茶经》。这本书对茶叶的栽培、制作、挑拣、品饮以及评选经验等都进行了详细论述，是世界上最早的茶叶专著，陆羽也由此被后人尊称为"茶圣"。根据《茶经》的记载，我国早在4700多年前就已发现茶树并开始利用茶叶。

根据最新的发现及论证，中国西南地区的云南、贵州、四川等地是茶树的原产地。后来，随着人口的迁徙以及地质上的差异，茶树慢慢普及全国并出现了人工种植。

中国人常说，"开门七件事，柴米油盐酱醋茶"。茶排在最后并不是因为茶不重要，而恰恰是说明只有在满足前六个基本要求后，人们才有能力和心情去品茶。所以，茶既野又文，既俗又雅，不仅能解渴疗疾还能悦目赏心，已与中国人的生活紧密相连，上至帝王将相、文人墨客，下至平民百姓、挑夫贩夫，无不以茶为好。

中国人饮茶并非为了解渴，更是具有更深层次的精神内涵。魏晋时期的玄学家提出，茶不仅可以解渴、药疗，还可以为交流增添气氛。后来，茶文化发展过程中受到儒、道、佛三教的浸染，形成了独特的中国茶道精神。茶文化吸纳了儒家"中庸和谐"的观点体现了"修身、齐家、治国、平天下"的思想。因此，饮茶不仅可以磨炼人的意志，还能协调人际关系，从而实现互敬、互爱、互助的大同理想。茶文化还与道家"天人合一"的思想相融，通过饮茶来使人心静、不乱、不烦，有乐趣，有节制，即通过饮茶来助长内力，达到养生的目的。佛学则通过茶道来向人讲道、使人顿悟，把饮茶从一种技艺提高到精神的高度，禅宗便是佛学与茶道有机结合的产物。

可见，儒家以茶养廉，道家以茶求静，佛家以茶助禅，中国的茶文化反映了人与自然的高度统一以及中国人对真、善、美的追求。

六、中西茶文化翻译

我国具有悠久的饮茶历史，并形成了独具特色的茶文化，尤其在茶名、茶具、茶的烹制方法等方面都讲究颇多。此外，在长期的饮茶活动中还形成了一些特定的茶道与饮茶习俗，这些也成为中华茶文化重要的组成部分。在对茶文化进行翻译时，应注意将这些文化内涵进行准确传递。

（一）茶名的翻译

例如：和尚陪着小心，等他发作过了，拿一把铅壶，撮了一把苦丁茶叶，倒满了水，在火上燎的滚热，送与众位吃。

（吴敬梓《儒林外史》第二回）

The monk apologized profusely when Shen had finished. Then he fetched a pewter kettle, put in a handful of tea leaves, filled the kettle with water, boiled it over the fire and poured out tea for them.

林之孝家的又向袭人等笑说："该沏些个普洱茶吃。"袭人晴雯二人忙笑说："沏了一盅子女儿茶，已经吃过两碗了。大娘也尝一碗，都是现成的。"

（曹雪芹《红楼梦》第六十三回）

Mrs.Lin advised Xiren and Qingwen to brew him some *puer* tea. "We've made him some *nu'er* tea and he's drunk two bowls. Won't you try some, madam?" they answered. "It's already brewed."

（杨宪益、戴乃迭译）

（二）茶具的翻译

例如：船舱中间，放一张小方金漆桌子，桌上摆着宜兴沙壶，极细的成窑、宣窑的杯子，烹的上好的雨水毛尖茶。那游船的备了酒和肴馔及果碟到这河里来游，就是走路的人也买几个钱的毛尖茶，在船上煨了吃，慢慢而行。

（吴敬梓《儒林外史》第四十一回）

Each vessel carries a small, square, gilt-lacquered table, set with an Yixing stoneware pot, cups of the finest Cheng Hua or Xuan De porcelain, and the choicest tea brewed wich rainwater. Boating parties bring wine, dishes and sweetmeats with them to the canal, and even people traveling by boat order a few cents' worth of good tea to drink on board as they proceed slowly on their way.

（杨宪益、戴乃迭译）

妙玉听了，忙去烹了茶来。宝玉留神看他是怎么行事。只见妙玉亲自拣了一个海棠花式雕漆填金云龙献寿的小茶盘，里面放一个成窑五彩泥金小盖钟，捧与贾母。贾母道："我不吃六安茶。"妙玉笑说："知道。这是老君眉。"贾母接了，又问是什么水。妙玉笑回："是旧年蠲的雨水。"贾母便吃了半盏，便笑着递与刘姥姥说："你尝尝这个茶。"刘姥姥便一口吃尽，笑道："好是好，就是淡些，再熬浓些更好了。"贾母众人都笑起来。然后众人都是一色官窑脱胎填白盖碗。

（曹雪芹《红楼梦》第四十一回）

Miaoyu at once went to make tea.

Baoyu watched the proceedings carefully. He saw Miaoyu bring out in her own hands a carved lacquer tea-tray in the shape of crab-apple blossom, inlaid with a golden design of the "cloud dragon offering longevity". On this was a covered gilded polychrome bowl made in the Cheng Hua Period, which she offered to the Lady Dowager.

"I don't like Liu'an tea," said the old lady.

"I know," replied Miaoyu smiling. "This is Patriarch's Eyebrows."

"What water have you used?"

"Rainwater saved from the last year."

The Lady Dowager drank half the bowl and passed the rest with a winkle to Granny Liu, urging her to taste the tea. The old woman drank it straight off.

"Quite good. But a bit on the weak side," was her verdict, which made everyone laugh. "It should have been left to draw a little longer."

All the others had melon-green covered bowls with golden designs of new Imperial kiln porcelain.

（杨宪益、戴乃迭译）

（三）茶的烹制方法的翻译

例如：当下锁了门，同道士一直进了旧城，一个茶馆内坐下。茶馆里送上一壶干烘茶，一碟透糖，一碟梅豆上来。

（吴敬梓《儒林外史》第二十三回）

He locked his door and went with the priest to a tea-house in the old city. The waiter brought them a pot of tea, a plate of sweets and another of spiced beans.

（杨宪益、戴乃迭译）

黛玉因问："这也是旧年的雨水？"妙玉冷笑道："你这么个人，竟是大俗人，连水也尝不出来。这是五年前我在玄墓蟠香寺住着，收的梅花上的雪，共得了那一鬼脸青得花瓮一瓮，总舍不得吃，埋在地下，今年夏天才开了。我只吃过一回，这是第二回了。你怎么尝不出来？隔年蠲的雨水哪有这样轻淳，如何吃得。"

（曹雪芹《红楼梦》第四十一回）

"Is this made with last year's rainwater too?" asked Daiyu.

Miaoyu smiled disdainfully.

"Can you really be so vulgar as not even to tell the difference? This is snow I gathered from plum-blossom five years ago while staying in Curly Fragrance Nunnery on Mount Xuanmu. I managed to fill that whole dark blue porcelain pot, but it seemed too precious to use so I've kept it buried in the earth all these years, not opening it till this summer. Today is only the second time I've used it. Surely you can taste the difference? How could last year's rainwater be as light and pure as this?"

（杨宪益、戴乃迭译）

（四）茶道的翻译

例如：尤氏忙止道："不必，不必。你这一向病着，那里有什么新鲜东西。况且我也不饿。"李纨道："昨日他姨娘家送来的好茶面子，倒是对碗来你喝罢。"说毕，便吩咐人去对茶。

（曹雪芹《红楼梦》第七十五回）

"No need, no need," Madam You at once demurred. "Ill as you've been, you can't have any delicacies here. Besides I'm not hungry."

"Lan's aunt has sent me some good fried flour. Let's mix a bowl for you to taste." She ordered a maid to prepare this, while Madam You remained silent in a brown study.

（杨宪益、戴乃迭译）

坐定，家人捧上茶来。揭开来，似白水一般，香气芬馥，银针都浮在水面，吃过，又换了一巡真天都，虽是隔年陈的，那香气尤烈。

（吴敬梓《儒林外史》第四十六回）

Once they were seated, a servant brought in tea. When the bowls were uncovered the tea looked as pale as water, but it gave off a rare fragrance, and the leaves were floating on the surface. Following this, some Tiandu tea was served. And although the leaves had been kept for over a year, this brew was even more fragrant than the first.

（杨宪益、戴乃迭译）

(五)饮茶的翻译

例如:于老者道;"恰好烹了一壶现成茶,请用杯!"斟了送过来。荆元接了,坐着吃,道:"这茶,色、香、味都好。老爹,却是那里取来的这样好水?"于老者道:"我们城西不比你城南,到处井泉都是吃得的。"

(吴敬梓《儒林外史》第五十五回)

"I've just made a pot of tea. Please have a cup."

He poured out a cup and passed it to Jing, who sat down.

"This tea looks, smells and tastes delicious, uncle," said Jing. "Where do you get such good water?"

"We're better off than you folk in the south city. We can drink from all the wells here in the west."

(杨宪益、戴乃迭译)

妙玉笑道:"你虽吃得了,也没这些茶糟踏。岂不闻'一杯为品,二杯即是解渴的蠢物,三杯便是饮牛饮驴了'?你吃这一海便成什么?"说的宝钗、黛玉、宝玉都笑了。妙玉执壶,只向海内斟了约有一杯。宝玉细细吃了,果觉轻淳无比,赏赞不绝。

(曹雪芹《红楼梦》第四十一回)

"Even if you can, I've not so much tea to waste on you. Have you never heard the saying 'First cup to taste, second to quench a fool's thirst, third to water an ox or donkey'? What would you be if you swallowed such an amount?"

As the three others laughed, Miaoyu picked up the pot and poured the equivalent of one small cup into the goblet. Baoyu tasted it carefully and could not praise its bland purity enough.

(杨宪益、戴乃迭译)

第三节 中西服饰文化与翻译对比

服饰不仅仅是一种物质文明,还是一个民族的精神面貌、审美情趣、宗教信仰以及文化素养的综合体现。中西方的服饰文化经过长年的积淀,已形成了各自的体系与风格。

一、中西服饰文化对比

材料、款式、颜色是服饰文化的三大元素。此外,图案的选择以及服饰观念等也是服饰文化的重要组成部分。

（一）中西服饰材料的对比

1. 西方的服饰材料

亚麻布是西方服饰的主要材料，其主要有以下三个方面的原因。

（1）西方国家的地理环境适合亚麻的生长，很多国家都盛产亚麻。

（2）亚麻布易于提取，既有凹凸美感又结实耐用，非常适合于日常的生活劳作。

（3）西方国家提倡个人奋斗，多劳多得，亚麻布直接体现了这种实用主义价值观。

2. 中国的服饰材料

中国的服饰材料较为丰富，包括麻、丝、棉等。其中，丝是最具中国特色的服饰材料。

中国早在5000年前就开始养蚕、缫丝、织丝，是世界上当之无愧的丝绸之国。更具体来说，丝是一种总称，根据织法、纹理的差异，丝还可以细分为素、缟、绫、纨、绮、锦、纱、绸、罗、缣、绢、缦、缎、练等。可见中国的制丝工艺已发展到相当高的水平，充分体现出中国人民的智慧。

丝绸质地细腻柔软，可用于多种类型的服装及披风、头巾、水袖等。此外，丝绸具有一种飘逸的美感，穿在身上时可通过人的肢体动作展现出一幅流动的画面，具有独特的动人效果。

（二）中西服饰款式的对比

1. 西方的服饰款式

西方人身材高大挺拔，脸部轮廓明显，因此西方服饰强调服饰的横向感觉，常常通过重叠的花边、庞大的裙撑、膨胀的袖型以及横向扩张的肩部轮廓等来呈现一种向外放射的效果。

此外，西方人大都具有热情奔放的性格，且追求个人奋斗，喜欢展示自己的个性，因此在服装款式的设计上也往往较为夸张，例如，牛仔裤这一最具有代表性的服饰就充分体现出西方人敢于我行我素的性格特征。此外，牛仔裤以靛蓝色粗斜纹布为原料，不仅简单实用，还具有广泛的适应性，男女老少都可以穿，这也体现出西方国家"人人平等"的观念。

2. 中国的服饰款式

与西方人相比，中国人身材相对矮小。因此，为弥补身材上的缺陷，中国服饰常采用修长的设计来制造比例上的视觉效果。具体来说，筒形的袍裙、过手的长袖以及下垂的线条等都是常用的手法。从魏晋时男子宽大的袍衫、妇女的褥衣长裙，到中唐时期的曳地长裙，再到清代肥大的袖口与下摆，无不体现出中国传统服饰的雍容华贵。

此外,中国人的脸部线条较为柔和,为与之相称,中国服饰的款式常以"平""顺"为特色。

(三)中西服饰颜色的对比

1. 西方的服饰颜色

颜色可以从一定程度上反映一个民族潜在的性格特征。在罗马时期,西方国家的服饰偏爱以下两种颜色。

(1)白色。白色代表着神圣、纯洁,具有一种独特的魅力,因此新娘的婚纱是白色的。

(2)紫色。紫色代表着财富与高贵,红紫色有年轻感,青紫色有优雅的女性感。此外,紫色还代表至高无上和来自圣灵的力量,具有浓厚的宗教气氛。由于主教常穿紫色,因此紫色被定为主教色。

文艺复兴以来,服饰的奢华程度不断提高,人们开始喜爱明亮的色彩。具体来说,法国人喜欢丁香色、蔷薇色、圣洁的白色以及含蓄的天蓝色;西班牙人崇尚高雅的玫瑰红和灰色调;英国人则将黑色视为神秘、高贵的象征。

到了现代,人们打破了等级、地位、阶层的限制,开始根据自己的喜好来自主决定服饰颜色,并使颜色成为展示个性的重要工具。

2. 中国的服饰颜色

《舆服志》曾有这样的记载:"夏尚黑,商尚白,周尚赤,秦复夏制尚黑,汉复周制尚赤;唐服尚黄而旗帜尚赤,宋相沿,元尚黄;明改制取法周、汉尚朱(赤);清又复黄。家国一统,少有逾越。"可见,中国服饰的色彩具有强烈的时代性与等级性。

(1)时代性。上古时代的先人认为黑色是支配万物的天帝色彩,因此夏、商、周时期均采用黑色来制作天子的冕服。后来,封建集权制的发展使人们逐渐淡化了对天神(黑色)的崇拜,并转向对大地(黄色)的崇拜,"黄为贵"的观念由此形成。

(2)等级性。阴阳五行学说也对中国的服饰色彩产生了重要影响。具体来说,阴阳五行学说将青、红、黑、白、黄这五种颜色定为正色,其他颜色为间色。正色为统治阶级所专用,普通大众不得使用,否则会遭受杀身或株连之罪。

(四)中西服饰图案的对比

1. 西方的服饰图案

随着历史时期的变化,西方国家的服饰图案也发生相应的变化。

(1)文艺复兴之前,西方服饰比较偏爱花草图案。

(2)文艺复兴时期,花卉图案较为流行。

(3)法国路易十五统治时期,由于受到洛可可装饰风格的影响,S形或旋涡形的藤草和轻淡柔和的庭院花草图案颇受欢迎。

（4）近代以来，野兽派的杜飞花样、利用几何透视原理设计的欧普图案、以星系或宇宙为主题的迪斯科花样和用计算机设计的电子图案较为流行。

2. 中国的服饰图案

中国服饰，无论是民间印花布还是高贵绸缎，都喜欢利用丰富多彩的图案来表达吉祥如意的内涵。例如，人们利用喜鹊登梅、鹤鹿同春、凤穿牡丹等图案来表达对美好生活的向往；龙凤呈祥、龙飞凤舞、九龙戏珠等图案不仅表达了中国人作为"龙的传人"的自豪感，还隐喻了传统的图腾崇拜。

（五）中西服饰观念的对比

西方崇尚人体美，中国讲究仪表美，这可以说是中西在服饰观念上最根本的区别。

一方面，西方文化深受古希腊、古罗马时期雕塑、绘画等造型艺术的影响；另一方面，地中海沿岸气候温暖，人们不必紧裹身体，凉爽、适体、线条流畅成为服饰的第一要义。因此，西方服饰观念认为，服饰应为人体服务，应充分展示人体美。具体来说，服饰应将男子的刚劲雄健与女子的温柔纤细充分展示出来。

中国是礼仪之邦，传统礼教影响巨大。因此，中国人认为服饰就是一块用来遮蔽身体的"精神的布"，服饰的作用在于体现礼仪观念以及区分穿着者的权力和地位。近年来，随着改革开放的推进，人们的穿着观念有所变化，但这种传统的礼仪服饰观念仍然根深蒂固。

二、中西服饰文化翻译

（一）直译

直译就是使译文在意义、结构两个方面都与原文保持一致。在进行服饰文化的翻译时，大多数情况下都可直接采取直译法。例如：

随即一个戴纱帽、红袍金带的人，揭帘子进来，把俺拍了一下，说道："王公请起！"

（吴敬梓《儒林外史》第二回）

Then a man in a gauze cap, red robe and golden belt came in, who shook me and said, "Mr.Wang, please get up!"

（杨宪益、戴乃迭译）

一面说，一面见他穿着弹墨绫薄棉袄，外面只穿着青缎夹背心，宝玉便伸手向他身上摸了一摸，说道："穿这样单薄，还在风口里坐着！春天风馋，时气又不好，你再病了，越发难了。"

（曹雪芹《红楼梦》第五十七回）

Noticing that she was wearing a thin padded silkk tunic with black dots under a lined blue silk sleeves jacket, he reached out to feel her clothes.

"You shouldn't sit in the wind so lightly dressed," he remarked. "If you fall ill too in this treacherous early spring weather, it will be even wrose."

（杨宪益、戴乃迭译）

（二）意译

由于中西语言结构方面的差异，有时很难保证意义与结构的同步统一，此时为保证意义准确，可以舍弃一部分结构，而将原文的含义如实传达出来，即采取意译法。例如：

这女人尖颊削脸，不知用什么东西烫出来的一头鬈发，像中国写意画里的满树梅花，颈里一条白丝围巾，身上绿绸旗袍。光华夺目，可是面子亮得像小家女人衬旗袍里子用的作料。

（钱钟书《围城》）

The woman had prominent cheekbones and a thin face. Her hair, waved by some unidentified instrument, resembled a plum tree in full bloom in a Chinese impressionist painting. Around her neck she wore a white silk scarf and was dressed in green silk Chinese dress which was dazzling resplendent, but shiny like the material high-class girls used for lining.

（珍妮·凯利、茅国权译）

刘姥姥见平儿遍身绫罗，插金戴银，花容月貌，便当是凤姐儿了。

（曹雪芹《红楼梦》第六回）

Pinger's silk dress, her gold and silver trinkets, and her face which was pretty as a flower made Granny Liu mistake her for her mistress.

（杨宪益、戴乃迭译）

一日，张静斋来问候，还有话说。范举人叫请在灵前一个小书房里坐下，穿着丧服，头戴麻巾，出来相见，先谢了丧事里诸凡相助的话。

（吴敬梓《儒林外史》第四回）

One day Mr.Zhang called, and asked to speak to Mr.Fan. He was invited into a small library in front of the shrine. Presently Mr.Fan came out in his mourning clothes, and began by thanking him for all his assistance during the mounting.

（杨宪益、戴乃迭译）

（三）改译

当在翻译过程中无法找到对等的表达方式时，译者应采取改译法，即采取灵活多样的处理方式，既将原文意义有效传递出来，又使译文符合译入语读者的语言习惯。例如：

黛玉看脱了蓑衣，里面只穿半旧红绫短袄，系着绿汗巾子，膝下露出油绿绸撒花裤子，底下是掐金满绣的绵纱袜子，靸着蝴蝶落花鞋。

（曹雪芹《红楼梦》第四十五回）

She saw that he was wearing a red silk coat, no longer new, with a green girdle, green silk trousers embroidered with flowers, cotton socks embroidered with gold thread, and slippers with butterfly and flower designs.

（杨宪益、戴乃迭译）

坐了一会儿，院中出来了个老者，蓝布小褂敞着怀，脸上很亮，一看便知道是乡下的财主。

（老舍《骆驼祥子》）

Presently an old man came out of the yard, he was dressed in a blue cotton jacket open in front and his face shone. You could tell at a glance that he was a man of property.

（施晓菁译）

还是从火车说起吧！大约在我四岁多的时候，我坐过火车，当时带我坐车的人，是我的舅舅，叫张全斌，我记得那时我的打扮挺滑稽的，穿着蓝布大褂、小坎肩，戴瓜皮小帽。

（侯宝林《我可能是天津人》载自《散文佳作108篇》）

Let me begin with my trip on the train. When I was about four years old. I had traveled by train. The man I traveled with was my uncle Zhang Quanbin. I still remember how funny I looked the way I was dressed—in a blue cloth gown with a short sleeve less jacket over it and a skullcap on the head.

（刘士聪译）

（四）解释性翻译

一个民族的服饰特点渗透着一个民族深厚的文化底蕴。在翻译具有丰富文化内涵的服饰时，为帮助译入语读者理解，可在译文中进行适当解释。例如：

（方鸿渐）跟了上桥。这滑滑的桥面随足微沉复起，数不清的藤缝里露出深深在下墨绿色的水，他命令眼睛只注视孙小姐旗袍的后襟，不敢瞧旁处。

（钱钟书《围城》）

As he followed her onto the bridge. The smooth surface gave ways lightly under his feet, then bounced back again. The inky green color of the water far below showed through the countless crackes in the rattan. He fixed his eyes on the back of hem of Miss Sun's Chinese dress(chi-pao)and didn't dare glance either side.

（珍妮·凯利、茅国权译）

宝玉只穿着大红棉纱小袄子，下面绿绫弹墨夹裤，散着裤脚，倚着一个各色玫瑰芍药花瓣装的玉色夹纱新枕头，和芳官两个先划拳。当时芳官满口嚷热，只穿着一件玉红色青酡绒三色缎子斗的水田小夹袄，束着一条柳绿汗巾，底下是水红撒花夹裤，也散着裤腿。头上眉额编着一圈小辫，总归至顶心，结一根鹅卵粗细的总辫，拖在脑后。右耳眼内只塞着米粒大小的一个小玉塞子，左耳上单戴着一个白果大小的硬红镶金大坠子，越显的面如满月犹白，眼如秋水还清。

（曹雪芹《红楼梦》第六十三回）

Baoyu himself stripped down to a scarlet linen jacket and green dotted satin trousers, letting the ends of the trouser legs hangloose. Leaning on a jade-colored gauze cushion filled with all sorts of fresh rose and peony petals, he started playing the finger-guessing game with Fangguan.

Fangguan, who had also been complaining of the heat, had on only a short lined satin jacket, a patchwork of red, blue and jade-colored squares, a green sash, and pink trousers with a floral design left untied at her ankles. Her hair, woven in small plaits, was gathered on the crown of her head into a thick braid hanging down at the back. In her right ear she wore a jade stop no bigger than a grain of rice, in her left a ruby-earring set in gold the size of gingko nut, making her face seem whiter than the full moon, her eyes clearer than water in autumn.

（杨宪益、戴乃迭译）

那时天色已明，看那人时，三十多岁光景，身穿短袄，脚下八搭麻鞋，面上微有髭须。

（吴敬梓《儒林外史》第三十九回）

It was light enough now for him to see this fellow: a man in his thirties with a stubbly growth on his chin, who was wearing a short jacket and hempen shoes.

（杨宪益、戴乃迭译）

第四节 中西居住文化与翻译对比

居住文化以民间建筑为主要研究对象。民间建筑既包括用来满足基本生活需要的民居，也包括仓库、地窖、为牲畜建造的房屋等附属建筑物。民间建筑是一国生产方式与民族文化观念的集中体现。

一、中西居住文化对比

（一）西方的居住文化

在西方历史上出现过众多民族，而各个民族都有自己的建筑风格，这就使西方的居住文化呈现出多元性特征。下面就以英国民居和美国民居为例来介绍西方的居住文化。

1. 英国民居

英国人将房屋视为绝对的"个人天地"（privacy），因此通常喜欢曲径通幽、孑然独立、远离闹市的房屋，邻里之间也常通过篱笆、绿树等来保护各自的私人生活。

20世纪60年代，各地政府为解决住房问题而建造了大批高层公寓。但是，这些公寓因私密性太差而少有人问津。20世纪70年代，新盖的房屋虽交通便利但又矮又小，因此有一定经济能力的人往往都会在郊区购买一所独立或半独立的小楼，以便周末时可以享受幽静的田园生活。

就目前的情况来看，英国人通常会选择独门独户或带阳台的平房，主要包括三种类型：

（1）独立式，即配有院子、花园和车库，独立居住，环境幽静。

（2）半独立式，即两所房子并肩而立，且每所房子各住一家，围栏或矮墙使两户人家互不干扰。

（3）排房式，即每两所房屋共用一堵墙，中间没有夹道或院落，也没有花园与车库，价格低廉但私密性差。

2. 美国民居

概括来说，美国民居主要包括以下三种。

（1）别墅。别墅分为独立式住宅、合并公宅和公宅，通常配有游泳池与网球场，条件优越，通常位于郊区，适合有经济基础的人居住。

（2）活动房。活动房多采用木板或铁皮制成，外观漂亮，设施齐全，可安装在汽车上自由活动，符合美国人追逐自由的个性。

（3）公寓。公寓内配备了一应俱全的基本设施。尽管是数十户甚至上百户共同居住在一个建筑物内，但每一户的生活空间都很独立。公寓通常建在城市里，因租金低廉而适合收入微薄的人或靠养老金生活的老人居住。

（二）中国的居住文化

中国幅员辽阔，自然环境千差万别，各地都形成了独具特色的居住文化。概括来说，中国的民间建筑主要包括以下几种类型。

1. 上栋下宇式

上栋下宇式民居巧妙利用地面空间建筑居室，具有夯实的地基，以土、木、石等为主要原料，做工精细。这种民居体现着封建的等级秩序，与我国宗法制的家庭结构相适应，是中国民居的典型代表。值得一提的是，上栋下宇式民居虽在全国范围内普遍存在，但具体的建筑形式往往因地域不同而各有特色，如南方客家围楼为环形住宅，而北京的四合院就属于庭院住宅。

2. 洞穴居

洞穴居往往利用天然洞穴或对天然洞穴稍做加工，是人类历史上最悠久的居住方式。生产力的提高使洞穴居从对天然洞穴的利用发展到开凿人工洞穴,即利用地形、地势、地物等天然条件建造而成的固定的生活空间。今天,在黄土高原仍普遍存在的窑洞就是典型的洞穴居。

3. 帐篷式

帐篷因容易拆卸而成为许多游牧民族的主要居住方式,在当今社会也是登山、旅游、勘探者的理想住所。帐篷种类繁多,既有临时性的也有长期性的;既有圆拱形、圆锥形、方形等规则外形的,也有其他一些不规则外形的。帐篷的制作材料也非常丰富,包括布匹、羊毛、桦树皮、兽皮等。如今,西藏、青海、甘肃等地的藏族,西北地区的哈萨克族以及东北地区的鄂温克族、达斡尔族、蒙古族仍以帐篷为主要的居住方式。

4. 干栏式建筑

干栏式建筑首先以竹柱或木柱做成一个与地面有一定距离的底架,然后再以底架为基础来建造住宅,是云南、贵州、广西、海南、台湾等地常见的建筑。一些建筑的地面之间的空隙不仅利于通风,还可防潮、防兽。此外,干栏式建筑一般分为上下两层,楼下用来养牲畜或堆放杂物,楼上住人,这也与当地的生产生活方式相吻合。

二、中西居住文化翻译

概括来说,在进行中西居住文化的翻译时,应注意二者在建筑材料、建筑结构、建筑布局、建筑理念等方面的差异,并灵活运用意译法与释义性翻译法。

(一)意译

中国建筑气韵生动,温柔敦厚,充分体现出温和、实用、平缓的人本主义特征。有效运用意译法可以更好地向译入语读者展示中国文化的意境。例如:

她一下来,鸿渐先闻着刚才没闻到的香味,发现她不但换了衣服,并且脸上都加了修饰。苏小姐领他到六角小亭子里,两人靠栏杆坐了。

(钱钟书《围城》)

When she came down, he caught a fresh whiff of a fragrance he had not smelled a moment ago and noted that she not only had changed her clothes but had also put on some make up. She led him into a small hexagonal pavilion, they sat down against the railing.

(珍妮·凯利、茅国权译)

紫鹃笑道:"这都是素日姑娘念的,难为他怎么记了。"黛玉便令将架摘下来,另挂在月洞窗外的钩上,于是进了屋子,在月洞窗内坐了。

(曹雪芹《红楼梦》第三十五回)

"Those are lines you often recite, miss," giggled Zijuan. "Fancy him getting them by heart!"

Daiyu made her take the perch down and hang it on a hook outside the moon window, then went inside and sat down by the window…

(杨宪益、戴乃迭译)

进入三层仪门,果见正房厢庑游廊,悉皆小巧别致,不似方才那边轩峻壮丽;且院中随处之树木山石皆在。一时进入正室,早有许多盛妆丽服之姬妾丫鬟迎着。邢夫人让黛玉坐了,一面命人到外面书房去请贾赦。

(曹雪芹《红楼梦》第三回)

…for when they had passed three ceremonial gates she saw that the halls, side chambers and covered corridors although on a smaller scale were finely constructed. They had not the stately splendor of the other mansion, yet nothing was lacking in the way of trees, plants or artificial rockeries.

As they entered the central hall they were greeted by a crowd of heavily made-up and richly dressed concubines and maids. Lady Xing invited Daiyu to be seated while she sent a servant to the library to ask her husband to join them.

(杨宪益、戴乃迭译)

(二)释义性翻译

通过中国民居可以感受到鲜活的生活气息。这些建筑不仅曲线优美,还常常通过细小之处来表达生活情趣。因此,对一些具有特定含义的建筑名词进行解释就显得十分必要。例如:

请韦四太爷从厅后一个走巷内,曲曲折折走进去,才到一个花园。那花园一进朝东的三间。左边一个楼,便是殿元公的赐书楼。楼前一个大院落,一座牡丹台,一座芍药台。两树极大的桂花,正开的好。合面又是三间敞榭,横头朝南三间书房后,一个大荷花池,池上搭了一条桥。过去又是三间密屋,乃杜少卿自己读书之处。

(吴敬梓《儒林外史》第三十一回)

Presently he led Mr. Wei by a passage from the back along a winding path to the garden. As you went in you saw three rooms with an eastern exposure. A two-storeyed building on the left was the library built by the Number One Scholar, overlooking a large courtyard with one bed of *mudan* peonies and another of tree peonies. There were two huge cassia trees as well, in full bloom. On the other side were three summer houses, with a three-roomed library behind them overlooking a great lotus pool. A bridge across this pool led you to three secluded chambers where Du Shaoqing used to retire to study.

(杨宪益、戴乃迭译)

这里贾芸随着坠儿,透迤来至怡红院中。坠儿先进去回明了,然后方领贾芸进去。贾芸看时，只见院内略略有几点山石，种着芭蕉，那边有两只仙鹤在松树下剔翎。一溜回廊上吊着各色笼子，各色仙禽异鸟。上面小小五间抱厦，一色雕镂新鲜花样隔扇，上面悬着一个匾额，四个大字，题道是"怡红快绿"。

（曹雪芹《红楼梦》第二十六回）

  Jia Yun followed Zhuier by winding paths to Happy Red Court. She went in first to announce him, then ushered him in. The young man had time to scrutinize the courtyard. There were a few scattered artificial rocks with plantains growing between, and two storks were preening their feathers under a pine. In the gallery surrounding the courtyard hung cages of every description containing all manner of rare exotic birds. The five-frame apartment before him had lattice-work carved with ingenious designs, while above its door hung a tablet inscribed with the words: Happy Red and Delightful Green.

（杨宪益、戴乃迭译）

第五章 中西生态文化与翻译对比

在人类社会的发展过程中，动物、植物、山水等生态文化始终与人们的生活息息相关。而由于不同民族的历史、地理等的不同，人们对生态文化所产生的情感态度也不尽相同，这就需要在翻译过程中格外注意。本章就以动植物文化和山水、风向文化为例，探讨中西生态文化的对比及其翻译。

第一节 中西动物文化与翻译对比

一、中西动物文化对比

这里主要从以下三个方面进行中西动物文化的对比。

（一）相同动物词汇表示相似的文化内涵

尽管东西方文化之间存在着巨大的差别，但是这不代表两者之间没有任何共同之处。就动物文化而言，有些动物词汇表示的文化内涵是相同或相似的。

1. 猪——pig

在中国传统文化中，猪是"馋""懒""笨"的象征，究其原因，主要是因其肥胖的形象及其贪吃、贪睡的习性所致。而由此也衍生出了很多表达，这些词语大多是贬义的。例如，"懒得像猪""肥得像猪""笨得像猪""猪朋狗友""辽东之猪""泥猪瓦狗"等。

当然，猪在中国文化中也有憨厚、可爱的形象。例如，中国民间有"金猪"一说，很多存钱罐惯以猪的形象制作。在我国四大名著之一的《西游记》中，猪八戒虽然好吃懒做、贪图美色、自私自利，但仍不乏吃苦耐劳、憨厚率真的美好品质，受到很多观众的喜爱；而红极一时的电视剧《春光灿烂猪八戒》中也塑造了一个憨厚、可爱的猪八戒形象。

西方文化中，pig 的文化内涵与中国的"猪"基本相同：肮脏贪婪、行为恶劣。因此，与猪有关的说法经常带有贬义色彩。例如：

pig it
住在肮脏的环境里
make a pig's ear out of something
弄得一团糟
This place is a pigsty.

这地方又脏又乱，跟猪圈一样。

此外，在英语文化中，pig 还可以作为一个中性词出现。例如：

make a pig of oneself

吃得太多

teach a pig to play on a flute

教猪吹笛：做不可能实现的事

bring one's pigs to the wrong market

卖得吃亏

buy a pig in a poke

未见实物就买了

pigs might fly

异想天开，无稽之谈

pig in the middle

两头为难，左右不是

2. 蛇——snake

（1）蛇在汉语文化中的内涵。

在传统中国文化中，蛇是一种毁誉参半的形象。作为汉文化图腾崇拜——龙最初的原始形象，蛇无疑具有一种积极的含义。在中国神话传说《白蛇传》中，蛇是一种极具同情心、敢于追求美好生活的动物生灵，但是在传统的中国文化中，人们更倾向于把蛇与恶毒、邪恶、狡猾、猜疑等联系起来，如汉语中有"地头蛇""美女蛇""毒如蛇蝎""人心不足蛇吞象"等说法。此外，在汉文化中，蛇又是一种令人捉摸不定的物种。所以汉语中的蛇也是众多性情的代名词。

（2）snake 在英语文化中的内涵。

根据《圣经（旧约）·创世记》中的记载，蛇在撒旦的唆使下，诱惑人类始祖夏娃犯下了原罪。这是公元前5世纪左右的记载。《圣经》中的故事实际上反映了远古人类对蛇的诡秘行踪和带有剧毒的恐惧。因为毒蛇常置人于死地，于是蛇成为魔鬼与邪恶的象征，在英语中的含义也多为负面的。例如：

a snake in the bosom

恩将仇报的人

a snake in the grass

潜伏的敌人，潜伏的危险

warm（cherish）a snake in one's bosom

姑息坏人，养虎为患

此外，蛇在英语中单独使用时还可以用来指阴险冷酷的人或叛逆不忠的人。可见，英语中的蛇有着与汉语中相近的含义，但是汉语中的蛇更具有双面性的联想意义。

3. 狐狸——fox

在汉语文化中，狐狸通常象征着奸诈狡猾、生性多疑。例如，"狐假虎威""满腹狐疑""狐疑不决"等。

在英语中，fox 也常常含有狡猾、诡计多端的含义。例如：

as sly as a fox

像狐狸一样狡猾

play the fox

行为狡猾

All old fox is not easily snared.

老狐狸不会轻易被捉住。

4. 孔雀——peacock

孔雀有十分美丽的外表，尤其是在开屏的时候，鲜艳夺目、五颜六色。正因如此，在中西方文化中，孔雀都有骄傲、虚荣、炫耀、扬扬得意的含义。例如，as proud as a peacock（像孔雀那样骄傲）。不过，在汉语中孔雀还象征着吉祥、好运。

5. 驴——ass

在汉语中，驴通常用来形容人比较"笨、愚"，如有"笨驴"的说法。在英语中，an ass 也表示 a foolish person，即"傻瓜"。可见，ass 和驴的文化内涵基本是一致的。

除了上述介绍的几种动物词汇的文化内涵相同外，还有一些中西动物词汇的文化内涵也是相同或相似的。例如：

as black as a crow

像乌鸦一样黑

as busy as a bee

像蜜蜂一样忙

as free as a bird

像鸟儿一样自由

as slow as a nail

像蜗牛一样慢

（二）相同动物词汇表示不同的文化内涵

由于不同的地理环境、历史、宗教等因素的影响，相同的动物词汇在不同的民族中具有不同的文化内涵。

1. 龙——dragon

（1）龙在汉语文化中的内涵。

我国在远古时期就有了龙的雏形——人面蛇身。这些人面蛇身像大多描绘的是女娲、伏羲等一干众神，后来就逐渐演化成了龙。这反映了远古人类最原始的崇拜和敬畏。在远古人类的生活中，有太多的东西不被当时的人所理解，也有太多的东西使人们感到畏惧与无助。于是，法力无边、呼风唤雨的龙就出现了，并逐渐形成了龙图腾。这可以说是人类将自然具象化的结果。正是由于龙的上述特性，后来就用于象征帝王、皇权，成为权力和地位的象征，大约从秦始皇开始，就有把帝王称为"龙"的说法。汉朝以后，"龙"就成了帝王的象征。与帝王有关的事物也被冠以"龙"字，例如，"龙体""龙颜""龙椅""龙床""龙袍""龙子龙孙"等。再后来，龙就逐渐带有了权威、力量、才华、吉祥等褒义含义，例如，"真龙天子""卧虎藏龙""蛟龙得水""龙吟虎啸""望子成龙""龙凤呈祥""乘龙快婿"等。

时至今日，龙的形象已经成为中华民族的象征，至今海内外的炎黄子孙仍自称"龙的传人"，以作为"龙的传人"而自豪。

（2）dragon 在英语文化中的内涵。

英语词典里对 dragon 一词的定义有很多，但大多含贬义。例如，它是一种长有翅膀、有爪子的、喷火的类似鳄鱼或蛇的怪物（*Oxford Advanced Learner's Dictionary of Current English*）；它是一种长着狮子的爪子、蛇的尾巴、模样像巨大的爬行动物的怪物（*The American Heritage Dictionary*）；它常常跟邪恶联系在一起（*The New Columbia Encyclopedia*）。

在西方，人们通常认为 dragon 是有翅膀、吐火焰的怪物。在一些描写圣徒和英雄的传说中讲到和龙这种怪物进行斗争的事迹时，也多以怪物被杀为结局。因为人们认为它是恶魔的化身，是一种狰狞、凶残的怪兽，应该予以消灭，例如，《圣经》中说龙是被圣乔治用大梭镖捅死的，而在基督教美术中，龙也总是代表着邪恶。又如，在著名的英雄叙事史诗《贝奥武甫》（*Beowulf*）中，与贝奥武甫搏斗的就是一只会喷火的凶恶巨龙。即使在现代，英语中也经常用 dragon 来代指凶悍之人。总之，dragon 在西方是指一种没有"地位"的爬行动物，是西方人心目中凶恶而丑陋的象征。例如：

Two fiery dragons could not have been more furious than they were.

他们当时凶神恶煞，两条喷火恶龙也会难以望其项背。

"The angel child and the dragon mother," Hagan thought, returning the mother's cold stare.

"天使般的女儿，恶龙般的母亲"，夏根想道，勇敢地回应着她母亲那冷冰冰的目光。

可见，龙与 dragon 虽然都是神话中的动物，但它们在中西方文化中的内涵却相去甚远。随着近几年来中西文化交流的不断加强，西方人士对中国的传统文化了解日渐增多，知道中国的"龙"远非 dragon 可比。因此，一些人在翻译"龙"时用 Chinese dragon 以示与西方 dragon 的区别。

2. 狗——dog

西方人与中国人都有养狗的习惯，但是两者对狗的看法和态度截然不同。

（1）狗在汉语文化中的内涵。

虽然中国人自古就有养狗的习惯，但是中国人从民族感情、文化传统、思维方式上对狗并不像西方人对狗那样亲近。狗在汉语文化中是一种卑微的动物。汉语中凡是同"狗"联系在一起的成语、词组大都表示贬义。例如，"狗仗人势""偷鸡摸狗""狼心狗肺""狐朋狗友""狗嘴里吐不出象牙""狗咬吕洞宾""狗头军师""狗尾续貂""狗眼看人低""狗急跳墙""丧家之犬""狗血喷头""鸡鸣狗盗"等，它们基本都是含有贬义、辱骂性质的词语。

当然，随着我国人民生活水平的提高，人们在物质上得到了满足，开始有了精神需求，于是养狗的人数大大增加，给狗看病的医院也十分常见。现如今，狗也逐渐成为很多城市人生活中不可缺少的一部分。

（2）dog 在英语文化中的内涵。

在西方，dog 主要是一种爱畜、宠物，尤其对英国人而言，dog 既可以帮助人们打猎、看门，也可以作为宠物或伴侣看待。在西方国家，dog 通常被看作是人们的保护者和忠实的朋友，甚至被视为人们家庭中的一员，因而 dog 常常被称为 she（她）或 he（他）。可见，"狗"在西方文化中的形象比较积极、正面。正因如此，在英语中以"狗"作为喻体的词语多数含有褒义。西方人用 dog 指人时，其意思相当于 fellow，不仅没有贬义还略带褒义，使语气诙谐风趣。例如：

a lucky dog
幸运儿
a jolly dog
快活的人
top dog
重要人物
Every dog has his day.
凡人皆有得意时。
Love me, love my dog.
爱屋及乌。
He works like a dog.
他工作努力。

英语中的 dog 一词除了含有褒义之外，还有中性的含义，如 dog eat dog（残酷竞争）。当然，在英语中，也有少数与 dog 有关的习语表示贬义。例如：

a dirty dog

坏蛋

a lazy dog

懒汉

a dog in the manger

占着茅坑不拉屎的人

a dead dog

毫无价值的东西

但总体而言，dog 在西方文化中褒义的成分居多。

由此可见，中西语言中"狗"的文化内涵有很大区别，在翻译过程中要多加注意。

3. 鸡——cock

（1）鸡在汉语文化中的内涵。

在中国文化中，雄鸡破晓而啼预示着一天的开始，象征着勤奋、努力和光明的前途。例如，《孟子·尽心上》有云，"鸡鸣而起，孳孳为善者，舜之徒"，意思是"鸡一叫就起身，孜孜不倦地行善的，是舜这类人"，这是孟子对行善者的勤勉、德行的赞美。而毛泽东的《浣溪沙·和柳亚子先生》中则有"一唱雄鸡天下白，万方乐奏有于阗，诗人兴会更无前"的诗句，表现了新中国朗朗乾坤的气象。

鸡还有武勇之德。传说中，鸡鸣日出，带来光明，因此鸡被认为可以驱逐妖魔鬼怪，也成为画家画中的辟邪镇妖之物。也正因如此，斗鸡在我国民间久盛不衰，斗鸡甚至被用到军队中以鼓舞士气。可见，雄鸡作为善斗的勇士，其英姿气魄被人们所称颂。

另外，由于"鸡"与"吉"谐音，鸡在中国也常有吉祥之意。例如，我国电影界有一个著名的奖项就是"金鸡奖"；市场上也有一些与鸡有关的品牌，如"金鸡牌"闹钟、"金鸡牌"鞋油、"大公鸡"香烟等；而部分民间地区更有在隆重仪式上宰杀大红公鸡和喝鸡血酒的习俗。

（2）cock 在英语文化中的内涵。

在英语中，cock 也有着丰富的文化内涵，这主要体现在以下几个方面。

①具有好斗、自负的含义，这主要与公鸡的习性有很大关系。英语中常用 cock 来描绘人好斗、自负的行为。例如：

I've never heard such cock in my life.

我一生从未听说过这样的胡说八道。

The jury did not believe the witness' cock and bull story.

陪审团不相信证人的无稽之谈。

He's been cock of the office since our boss went back to America.

自从我们老板回了美国以后，他就一直在办公室里称王称霸。

②具有迎宾的含义。在英国的一些小酒馆里，人们经常可以看到 cock and pie 的字样。这里的 cock 就有翘首以待来客的含义。

③具有宗教含义。在基督教传统中，cock 通常被置于教堂的尖顶，它在清晨一声鸣叫，魔鬼便惶然隐退，因此被视为圣物。在希腊神话中，cock 引起了人们对东升旭日的注意，因此它被专门奉献给太阳神阿波罗（Apollo）。而在罗马神话中，墨丘利（Mercury）是为众神传信并管理商业、道路的神，而 cock 在清晨的啼叫中使千行百业开始工作，故被奉献给墨丘利。

4. 猫——cat

（1）猫在汉语文化中的内涵。

在汉语文化中，猫的天职是捕鼠，昼伏夜出，主动出击，从不偷懒，满足了人们除鼠保粮的愿望。因此，猫在汉语文化中的形象通常是温顺可爱的，带有褒义。例如，形容某人嘴馋会说"馋猫一只"；称小孩嘴馋为"小馋猫"或称某人懒为"大懒猫"等。当然，汉语中也有一些对"猫"不大好的说法，如"猫哭耗子假慈悲"等。

总体来看，汉语中关于"猫"的负面联想比较少，与"猫"有关的词语也相对较少。这是因为，中国长期处于封建农业社会，城市发展时期很短，而猫作为一种城市化动物，在汉语词语中的活跃程度也自然较低。

（2）cat 在英语文化中的内涵。

cat 在英语中是一个非常活跃的词，与它相关的说法很多。这在很大程度上是因为 cat 在西方是一种城市动物。在西方文化中，cat 有着褒义色彩如 land like a cat 表示安然脱离困境，带有褒义。而 cat 所含有的贬义也是显而易见的。例如，魔鬼撒旦常化身为黑猫游荡，女巫身边也有黑猫陪伴。美国人认为，当在走路时如果前面跑过一只猫，就是不吉祥的征兆。当然，cat 在英语中也有一些带有中性含义的表达。下面就列举一些有关 cat 的说法。

a cat nap
打盹
rain cats and dogs
下倾盆大雨
that cat won't jump
这一手行不通
have not a cat in hell's chance
毫无机会
a barber's cat
面带病容和饥饿的人
old cat
脾气坏的老太婆

copy cat

抄袭别人的人，看样学样的人

She is a cat.

她是一个包藏祸害的女人。

A cat has nine lives.

猫有九条命。

The hope could not be killed, as it had more lives than a cat.

这种希望是消灭不了的，它比猫更具有生命力。

5. 鼠——rat，mouse

（1）鼠在汉语文化中的内涵。

在汉语文化中，老鼠是一种形象负面的动物。这主要是因为它面目丑陋、偷吃人类食物、破坏人类家居陈设，因而普遍为人们所憎恶。汉语中关于老鼠的表达大部分都是负面的。例如，"鼠目寸光""鼠肚鸡肠""胆小如鼠""官仓老鼠""贼眉鼠眼""抱头鼠窜"等，均有"猥琐、卑微、心胸狭窄"的含义。《诗经·硕鼠》中也痛斥了老鼠的恶行："硕鼠硕鼠，无食我黍！三岁贯女，莫我肯顾。逝将去女，适彼乐土。乐土乐土，爰得我所。"正因如此，人们也常将憎恶之人比作"过街老鼠"——人人喊打。

（2）rat、mouse 在英语文化中的内涵。

在英语文化中，rat 和 mouse 也是一种不受欢迎的动物，常被用来形容那些自私的、不忠的人。例如：

smell a rat 对……觉得可疑，感到事情不妙

A rat crossing the street is chased by all.

过街老鼠，人人喊打。

不过，rat、mouse 在英语中的形象主要还是以胆小、安静为主，因此常被用来形容胆小、害羞的人。例如：

as timid as a mouse

胆小如鼠

as mute/quiet/silent/still as a mouse

悄没声儿

a mousy girl

没有多少女子气质的或不太谦逊的女孩

He's such a mouse, he never dares complain about anything.

他很胆小，从来不敢抱怨什么。

当然，在西方的影视作品里。观众仍然能够看到可爱、充满正义感和智慧的老鼠，如《米老鼠和唐老鸭》中的 Micky Mouse、《猫和老鼠》里的 Jerry、《精灵鼠小弟》里的 Stuard 等。

6. 凤凰——phoenix

（1）凤凰在汉语文化中的内涵。

在中国古代神话中，凤凰是主掌风雨的神鸟，也是鸟中之王。《史记》中就有"凤凰不与燕雀为群"之语，认为凤凰是不与燕雀为群的高贵之鸟。在古代，人们认为如果凤凰出现，则是"时代呈祥"的吉兆。同时，凤凰也象征着人间美德，如"凤毛麟角"就指珍贵而不可多得的人或事物。此外，根据古书记载，凤和凰性别不同，凤是雄性，凰是雌性，因此凤凰也象征着爱情。司马相如在《琴歌》中唱道："凤兮凤兮归故乡，遨游四海求其凰"，表达了对卓文君的爱意。随着岁月的变迁，凤凰被简化为了雌性的凤，象征着富贵和吉祥。到了今天，凤已经成了普通女性的专用词，很多中国女性的名字里都有"凤"字。汉语中还有"百鸟朝凤""有凤来仪""凤毛麟角"之类的成语。

此外，凤和龙在中国文化中是不可分割的，它们共同构成了我国独特的龙凤文化。人们多用龙比喻皇帝，用凤凰比喻皇后。普通百姓生了男女双胞胎就称为"龙凤胎"，还有很多成语中也包含了"龙""凤"二字，如"龙驹凤雏""龙凤呈祥""龙章凤彩""龙飞凤舞""望子成龙、望女成凤"等。

（2）phoenix在英语文化中的内涵。

相传，phoenix是一种供奉于太阳神的神鸟。公元前5世纪的希腊历史学家希罗多德（Herodotus）将其描述为一种有着红色和金色羽毛、像鹰一样的神鸟。在西方文化中，phoenix总是与复活、重生有关。phoenix的生命周期是500年，在生命周期结束时，它会建造一个焚烧场所，并在其中烧成灰烬，然后在灰烬中又会出现一个新的phoenix。因此，phoenix在基督文学作品乃至其他文学作品中都象征着"死亡""复活"和"永生"。例如：

Much of the town was destroyed by bombs in the war but it was rebuilt and in the following decade rose from the ashes like the phoenix.

该城的大部分在战争中被炸弹摧毁但是又得以重建，并且在以后十年中像火中的凤凰一样从灰烬中再生。

7. 蝙蝠——bat

（1）蝙蝠在汉语文化中的内涵。

在汉语文化中，蝙蝠是幸福、吉祥和健康的象征。这些联想很可能由于蝙蝠本身的名称，因为"蝠"与"福"同音。也正因如此，蝙蝠在我国的剪纸、绘画、器物纹饰中十分常见，备受青睐。例如，古人做寿时常有五只蝙蝠围绕篆书"寿"字或寿桃的图案，即"五福捧寿"，寓意多福多寿。另外，蝙蝠也常与梅花鹿、寿桃、喜鹊画在一起，即"福禄寿喜"，寓意生活美满、吉祥幸福。

（2）bat在英语文化中的内涵。

bat喜欢居住在阴暗潮湿的地方，因而英国人认为bat是邪恶的动物，总是将它与邪恶、黑暗势力等联系在一起。英语中的vampire bat（吸血蝠）更是令人不寒而栗。在英语中，凡带有bat的词语大多含有贬义。例如：

be bats
神经不正常
crazy as a bat
发疯，精神失常
have bats in the belfry
精神失常，行为乖张
as blind as a bat
跟蝙蝠一样瞎；有眼无珠
bat out
粗制滥造（多指故事、报道等）

8. 熊——bear

（1）熊在汉语文化中的内涵。

熊在汉语中多有"愚笨"的联想意义。例如，"你真熊"，意思就是"你真笨""你真窝囊"。此外，"熊包""熊样"等词也有无能、废物的意思。

（2）bear 在英语文化中的内涵。

bear 一词在英语中主要有"鲁莽汉""饥饿""脾气暴躁的人"等联想意义。例如：

He is as cross as a bear.
他的脾气像熊一样坏。
I rushed to the dining room like a hungry bear.
我像只饿熊一样向食堂冲去。

值得一提的是，熊在俄罗斯人的心目中有着特别崇高的形象，1978年莫斯科奥运会就曾把熊定为吉祥物。

9. 兔子——hare，rabbit

（1）兔子在汉语文化中的内涵。

兔子在中国文化中的形象较为复杂。它既有温顺、可爱、敏捷的一面，如"兔辉""玉兔""动如脱兔"等，又有狡猾、缺乏耐性的一面，如"狡兔死，走狗烹""狡兔三窟""兔子不吃窝边草""兔子尾巴长不了"等。另外，汉语中还有一些粗俗语也带有"兔"字，如"兔崽子""兔孙子"等。

（2）hare、rabbit 在英语文化中的内涵。

在英语文化中，hare 和 rabbit 通常都带有贬义，常指那些不可靠的、耍弄花招的人。例如，英语俚语中，hare 指坐车不买票的人，口语中的 rabbit 则多指拙劣的运动员（尤指网球运动员）。兔子在西方文化中的这种负面形象在其他一些词语中也有所体现。例如：

odd rabbit
真该死

hare-brained
轻率的、愚蠢的、鲁莽的
make hare of somebody
愚弄某人
breed like rabbits
生过多的孩子
mad as a march hare
十分疯狂的、野性大发的
rabbit on about sb./sth.
信口开河；喋喋不休地抱怨

（三）不同动物词汇表示相同的文化内涵

1. 老虎、狮子——tiger，lion

在汉语文化中，虎是"山兽之君""百兽之王"，是英勇大胆、健壮有力、坚决果断、威猛勇武的象征。中国人常借虎以助威和驱邪，保佑安宁。传说中老虎还是神仙和道人的坐骑，道教首领张天师就是乘坐猛虎出行。因此，虎的勇猛形象自然就成了英勇作战的将士们的象征，故汉语里有"虎将""虎士""将门虎子"之称，成语表达则有"猛虎下山""如虎添翼""虎踞龙盘""虎胆雄威""虎背熊腰""虎虎有生气""九牛二虎之力"等。不过，人们在尊称虎为"百兽之王"的同时，也对虎的凶残毫不掩饰，如"虎穴""虎口拔牙""拦路虎""虎视眈眈"等词。

在西方文化中，百兽之王不是虎（tiger）而是狮子（lion）。在英语中，lion是勇敢、凶猛、威严的象征。英国国王理查一世（King Richard）曾由于勇敢过人而被人称为"狮心王"（the Lion-Heart）；而英国人则以 lion 为自己国家的象征。

可见，英语中 lion 的文化内涵与汉语中老虎的文化内涵是相似的。因此，在对有关 lion 或老虎的词语进行翻译时要注意做相关调整，例如，虎将（brave general），虎胆英雄（hero as brave as a lion），虎虎有生气（vigorous and energetic；be full of vigor），虎背熊腰（of strong build），虎威（powers of general），fight like a lion（勇敢地战斗），great lion（名人，名流），lion-hearted（非常勇敢的），make a lion of sb.（捧红某人）。

2. 牛——bull

古代中国是农耕社会，牛是农业生产劳动中最重要的畜力，这种密切的联系使人们常常把牛当作喻体来形容人的品质。因此，在中国文化中牛是勤劳、坚韧、任劳任怨的象征，汉语中有"牛劲""牛脾气""牛角尖""牛头不对马嘴"等词语。

而在西方文化中，牛主要是用来祭祀的一种动物。在西方的许多宗教活动中，祭牛是一种主要的仪式，献祭的牛被看作是人间派往天国的使者；同时，在西方文化中，牛也是能忍受劳苦、任劳任怨的化身。例如，as patient as an ox（像牛一样具有耐力）。此外，a bull in china（闯进瓷器店里的公牛）用来形容举止粗鲁、行为莽撞、动辄惹祸、招惹麻烦的人。但是，由于英国气候湿润凉爽，不利农耕但适宜畜牧，所以牛的主要用途就是提供奶和肉。正因如此，在西方国家牛没有得到像在中国一样的重视。相反，牛在中国所得到的厚爱在英国却主要落到了马的身上。这是因为在英国历史上人们打仗、运输和体育运动都离不开马，马也以其力量和速度受到西方国家人们的喜爱。因此，在表达同一意思时，汉语中的"牛"往往和英语中的 horse 相对应。例如：

drink like a horse
牛饮
talk horse
吹牛
as strong as a horse
力大如牛
eat like a horse
饭量大如牛

二、中西动物文化翻译

（一）直译：保留形象

如果中西动物词汇的表达形式和文化内涵都是相同的，也就是说，当英语和汉语用动物词汇表示事物性质或者人物品质并且在意义形象、风格上是相同的或者具有相似之处时，就可以"对号入座"，保留原文的动物形象进行直译。例如：

to play the lute to a cow
对牛弹琴
barking dogs do not bite
吠犬不咬人
to stir up the grass and alert the snake
打草惊蛇
to be like a frog at the bottom of a well
井底之蛙
to drain to catch all the fish
竭泽而渔
feel just like fish in water
如鱼得水

the great fish eat small fish
大鱼吃小鱼
Don't make yourself a mouse, or the cat will eat you.
不要把自己当老鼠，否则肯定被猫吃。

（二）套译：改换形象

在翻译动物词语时，将其在源语中的象征意义传达到目标语中或者用目标语中具有相同象征意义的词来替代，这就是套译。例如：

a lion in the way
拦路虎
as happy as a cow
快乐得像只鸟
teach a pig to play on a flute
赶鸭子上架
Better be the head of a dog than the tail of a lion.
宁做鸡头，不做凤尾。
Don't believe him, because he often talks horse.
不要信他，他常吹牛。
It had been raining all day and I came home like a drowned rat.
终日下雨，我到家时浑身湿得像一只落汤鸡。

（三）意译：舍弃形象

当无法保留动物形象进行直译，并且无法改变动物形象进行套译时，我们可以舍弃原文中的动物形象进行意译。例如：

big fish
大亨
top dog
重要的人物
be like a bear with a sore head
脾气暴躁
Dog does not eat dog.
同类不相残。
It rains cats and dogs.
下着倾盆大雨。
My father will have a cow when I tell him.
我爸爸听说后一定会发怒的。

Last night, I heard him driving his pigs to market.
昨夜，我听见他鼾声如雷。

第二节 中西植物文化与翻译对比

　　翻译不仅是语际间的转换，司时也应该是文化间的转换。英汉两种语言文化之间存在很多相同点和不同点，相同之处构成文化共核，相异之处构成文化异质。词汇空缺是指两种语言之间词语的非对应现象，即在原语中的指称对象在译语中并不存在，或原语和译语的指称意义相同，但语义却不尽相同，或指称意义一致，但语用意义存在着差异。中西语言中的很多植物词都具有丰富的文化内涵，这些内涵有些是相似的，有些是不同的，此外还存在文化内涵空缺的现象。本节就对中西植物文化进行对比，并探讨其翻译。

一、中西植物文化对比

（一）相同植物词汇表示相似的文化内涵

1. 玫瑰——rose

　　玫瑰（rose）在中西语言中都象征着爱情、美丽，这可以说是相同植物词汇具有相同文化内涵的典型例子了。尽管如此，但玫瑰在汉语文化中所象征的爱情含义主要是受英语文化的影响，因为玫瑰对汉民族来说是外来物种，而 rose 在西方国家则是一种十分常见的花。

　　虽然在汉语中对玫瑰的描述并不多见，不过我们还是可以从一些文学作品或诗句中略窥一二。例如，《红楼梦》的作者曹雪芹在描写探春的美丽形象与性格时就使用了玫瑰。宋朝杨万里在《红玫瑰》中这样描述："非关月季姓名同，不与蔷薇谱牒通。接叶连枝千万绿，一花两色浅深红。风流各自燕支格，雨露何私造化功。别有国香收不得，诗人熏入水沉中。"

　　在英语中，借 rose 歌颂爱情的诗歌很多。例如，苏格兰农民诗人彭斯（Robert Burns）有脍炙人口的诗句："My love's a red red rose."（我的爱人是一朵红红的玫瑰。）而玫瑰与百合放在一起（lilies and roses）更是用来形容女性的"花容月貌"。

　　除了上述相似的这些文化内涵外，英语中的 rose 还有保持安静的意思，在会桌上悬挂一枝玫瑰就意味着要保持安静；而汉语当中常把漂亮而不易接近的女性比喻为"带刺的玫瑰"，这是二者寓意的细微不同之处。

2. 百合——lily

　　在中国，百合是一种吉祥之花、祝福之花。由于百合洁白无瑕的颜色与"百年好合"构成了联想意义，所以深受中国人的喜爱，例如，福建省南平市和浙江省湖州市就都以百合为市花。而我国古代文人也有咏颂百合的诗词，例如，宋代韩维的《百合花》："真葩固自异，美艳照华馆。叶间鹅翅黄，蕊极银丝满。并蒂虽可佳，幽根独无伴。才思羡游蜂，低飞时款款。"此外，百合还具有医学价值。中医认为，百合具有养心安神、润肺止咳的功效。因此，百合常被用作食材，经常出现在日常饮食之中。

西方文化中，lily 通常象征着贞节、纯真和纯洁。例如，在"圣母领报节"（the Annunciation/Lady Day）的宗教图画中经常有这样一个场景：天使加百利（Gabriel）手持百合花枝，向圣母玛利亚（the Virgin Mary）奉告耶稣（Jesus）即将诞生。而正跪着祈祷的玛利亚面前就放着一个插着百合花的花瓶。因此，lily 经常和 white 搭配，表达"纯白""天真""完美"之意。例如：

He marveled at her lily-white hands.

他惊讶于她洁白的双手。

It's ironic that he should criticize such conduct. He's not exactly lily-white himself.

讽刺的是，他自己也不是毫无过错，竟然还批评别人的行为。

All in one with ordinary, especial, tradition, open, vogue, simplicity, gumption, eremitic, etc. deeply understood world but who is keeping a lily-white heart.

平凡、特别、传统、开放、时尚、朴素、进取、退舍等集于一身，深知世故却保持一颗纯真的心。

可见，百合（lily）在中西语文化中的内涵是很相似的。

3. 橡树——oak

橡树（oak）具有高大挺拔、质地坚硬的特点。在英语文化中，oak 代表勇敢者、坚强者。例如：

a heart of oak

坚忍不拔

Oak may bend but will not break.

像橡树一样坚忍顽强。

在汉语中，橡树常常用以形容坚强不屈的男性，如当代女诗人舒婷在其《致橡树》一诗中就把自己的爱人比喻为一株橡树。

4. 桂树——laurel

桂树（laurel）象征吉祥、美好、荣誉、骄傲。在中西两种语言中，人们都把桂树和"出类拔萃、荣誉"联系在一起。在中国文化中，桂树象征着吉祥、美好、优秀、出类拔萃。例如，张九龄的《感遇》："兰叶春葳蕤，桂华秋皎洁。欣欣此生意，自尔为佳节。谁知林栖者，闻风坐相悦。草木有本心，何求美人折！"封建社会的举人若考中了状元，则被称为"蟾宫折桂，独占鳌头"。现代汉语依然沿用了"折桂"这一说法，喻指在考试、比赛中夺得第一名。

英美人喜欢用桂枝编成花环（laurel wreath）戴在勇士和诗人的头上，后来桂枝渐渐成了荣誉和成功的象征。在英美国家，人们就把那些取得杰出成就、声名卓著的诗人称为"桂冠诗人"（poet laureate）。再如：

gain/win one's laurels
赢得荣誉
look one's laurels
小心翼翼地保持荣誉
rest on one's laurels
满足于既得之功，不思进取

5. 桃花——peach

桃花（peach）因其外形优雅、色彩略带粉色而受到人们的广泛喜爱。常常用以比喻"美人，美好的东西或人"。中西文化中都用桃花来形容皮肤细洁、白里透红的妙龄少女。在汉语中也有"人面桃花相映红""山桃红花满上头，蜀江春水拍山流。花红易衰似郎意，水流无限似侬愁"等诗句。

在英语中，peach 可以表示美好的事物。例如，"She is really a peach."常用来形容漂亮有吸引力的女子。桃花色还常常被用来形容女性白里透红的肤色，特别是双颊的颜色。

（二）相同植物词汇表示不同的文化内涵

1. 柳——willow

（1）柳在汉语文化中的内涵。

①象征女子的姿色。由于柳枝轻盈柔软、风姿绰约，因而在中国文化中常用于形容女子的姿色。例如，白居易的《长恨歌》："归来池苑皆依旧，太液芙蓉未央柳。芙蓉如面柳如眉，对此如何不泪垂。"

②象征风尘女子。每年春天柳絮都会纷纷扬扬到处飘飞，这就使人们觉得柳树过于轻浮、妖娆，因此柳树也就有了一层不好的含义。例如，"花街柳巷"指代妓院等色情场所，而"寻花问柳"则表示男子寻访风尘女子，嫖娼作乐。再如：

这贾蔷外相既美，内性又聪明，虽然应名来上学，亦不过虚掩眼目而已。仍是斗鸡走狗，赏花问柳。

（曹雪芹《红楼梦》第九回）

③象征着忧伤。柳树之所以成为离别的象征，一方面是因为"柳"与"留"谐音，有"挽留"之意；另一方面是因为柳条纤细柔韧，象征绵绵的情谊。例如，刘禹锡的《柳枝词》："清江一曲柳千条，二十年前旧板桥。曾与美人桥上别，恨无消息到今朝。"

④象征友情。古时候，人们通常将柳树作为与朋友分别时赠送的礼物，以期友人能够像柳树一样随遇而安。例如，王之涣的《送别》："杨柳东风树，青青夹

御河。近来攀折苦，应为别离多。"

（2）willow 在英语文化中的内涵。

在英语文化中，willow 主要有以下几个寓意：

①象征女子身材苗条与动作优雅。由于柳枝细长绵软，很容易让人联想起女性优美的身段。因此，英语中多用 willow 来形容女子。例如：

She is a willowy young actress.

她是一个苗条的年轻女演员。

Clothes always look good on her because she is so tall and willowy.

她又高又苗条，穿什么都好看。

②用于驱邪。在复活节前的星期日，西方人常用柳树来祈福，将之挂于家中驱赶所有的邪恶。

③象征失恋、哀伤、死亡。这一象征意义与以前英国人戴柳叶花圈以示哀悼的习俗有关。在莎士比亚（Shakespeare）的著名戏剧《奥赛罗》（*Othello*）中，黛斯德蒙娜（Desdemona）说道：

My mother had a maid called Barbara；

She was in love，and he she loved proved mad，

And did forsake her；she had a song of "willow"；

An old thing't was，but it express'd her fortune，

And she died singing it.

…

The poor soul sat sighing by a sycamore tree，

Sing all a green willow；

Her hand on her bosom，her head on her knee，

Sing willow，willow，willow；

The fresh streams ran by her，and murmur'd her moans；

Sing willow，willow，willow；

Her salt tears fell from her，and soften'd the stones；

Sing willow, willow，willow.

2. 莲——lotus

（1）莲在汉语文化中的内涵。

莲又名"荷花""芙蓉"，在中国文化中，它常被用来形容女子的娇美。这在中国古代的诗词作品中极为常见。例如，唐代王昌龄的《越女》："越女作桂舟，还将桂为楫。湖上水渺漫，清江不可涉。摘取芙蓉花，莫摘芙蓉叶。将归问夫婿，颜色何如妾。"

此外，莲虽生于淤泥之中却仍纯洁无瑕，故而有着"花中君子"的美誉。这也是莲在中国文化中最重要的文化形象。例如，唐代温庭筠的《莲》："绿塘摇滟

接星津,轧轧兰桡入白苹。应为洛神波上袜,至今莲蕊有香尘。"

(2) lotus 在英语文化中的内涵。

在英语文化中,lotus 是象征企图摆脱尘世痛苦的忘忧树。传说中,如果人吃了莲的果实就会忘记朋友和家人,也会失去回到出生地的愿望。因此,在英语中 lotus 就有懒散、舒服、无忧无虑的含义。例如:

lotus land
安乐之乡
lotus eater
过着懒散、舒服生活的人
lotus-eating
醉生梦死、贪图安逸的行为
a lotus life
懒散、悠闲和无忧无虑的生活

3. 牡丹——peony

(1) 牡丹在汉语文化中的内涵。

①象征着国家的繁荣昌盛。在古代,牡丹就有国家繁荣昌盛的代表意义,这在很多诗句中都有体现。例如,唐代诗人刘禹锡写道:"唯有牡丹真国色,花开时节动京城。"此后,牡丹便成为幸福吉祥、国家繁荣昌盛的象征。

②象征人们对富裕生活的期盼。人们赋予了牡丹富贵的品格,一提到牡丹,人们就很容易想起"富贵"二字。因此,人们常用牡丹表达对富裕生活的期盼与追求。

③象征不畏权贵的高风亮节。牡丹虽然被誉为"富贵之花",但是其并不娇嫩脆弱,因此被赋予不畏权贵和恶势力的含义。

④象征纯洁和爱情。在中国传统文化中,牡丹还是纯洁与爱情的象征。例如,在我国西北广为流传的民歌《花儿》指的就是牡丹,也是对唱双方中男方对女方的称呼。

此外,在汉语文化中,牡丹还可以与别的花一起被赋予象征意义,这多体现在一些传统工艺和美术作品中,例如,牡丹与芙蓉一起具有"荣华富贵"的含义;牡丹与海棠一起具有"门庭光耀"的含义;牡丹与水仙一起具有"神仙富贵"的含义;牡丹与长春花一起则具有"富贵长春"的含义。

(2) peony 在英语文化中的内涵。

在英语文化中,peony 一词源于神医皮恩(Paeon, the god of healing),确切来说,peony 是以皮恩的名字命名的。这源于皮恩曾经用牡丹的根治好了天神宙斯(Zeus)之子海克力斯(Hercules)。因此,在西方文化中牡丹被看作具有魔力的花;而在欧洲牡丹花与不带刺的玫瑰一样,都象征着基督教中的圣母玛利亚。

4. 梅——plum

（1）梅在汉语文化中的内涵。

梅花原产于中国，可以追溯到殷商之时。因它开于寒冬时节、百花之先，所以在中国文化中象征着坚毅、高洁的品格，为我国历代文人所钟爱，很多诗词歌赋都以咏梅为主题。例如，宋代陆游的《卜算子·咏梅》："驿外断桥边，寂寞开无主。已是黄昏独自愁，更著风和雨。无意苦争春，一任群芳妒。零落成泥碾作尘，只有香如故。"

此外，梅花还象征着友情，成为传递友情的工具，享有"驿使"的美称，而"梅驿"成了驿所的雅称，"梅花约"则是指与好友的约会。例如，王安石的《梅花》"驿使何时发，凭君寄一枝"中的梅花便成为传达友情的信物。

总之，梅花在中国文化中有着崇高的地位，是高洁、傲骨的象征，象征着中华民族典型的民族精神。毛泽东也曾对梅花大加赞美，曾作诗"风雨送春归，飞雪迎春到。已是悬崖百丈冰，犹有花枝俏。俏也不争春，只把春来报。待到山花烂漫时，她在丛中笑"。此外，毛泽东还用"梅花欢喜漫天雪，冻死苍蝇未足奇"一句来表达中国人民像梅花一样不畏严寒与风雪做斗争的英雄气概。

（2）plum 在英语文化中的内涵。

在英语中，与梅相对应的词语 plum，既指梅树或李树，又指梅花或者李子。在基督教文化中，梅树表示忠诚；在英国俚语、美国俚语中，plum 表示奖品、奖赏。现在，plum 则成为美国国会常用的委婉语。例如：

A congressman or senator may give a loyal aide or campaigner a plum.

国会议员会给重视的助手和竞选者一个有好处、有声望的政治职位，作为对其所做贡献的回报。

5. 红豆——red bean

（1）红豆在汉语文化中的内涵。

红豆又称"相思豆"，在汉语文化中表示思念和爱情。这是由于红豆呈心形，且有着鲜艳如血的红色和坚硬的外壳，所以多象征着忠贞不渝的爱情。我国古代还有这样一个传说：一位男子出征边塞，他的妻子因过于思念外面的丈夫而夜夜在树下哭泣，以致眼泪流干且流出了鲜红的血粒。血粒凝结不化，便在地上生根发芽，长成大树，结满红豆。这就赋予了红豆以思念的寓意，在交通不便的古代，用以寄托人们深深的思念。很多古诗中都借红豆以寄相思。例如，唐代温庭筠《酒泉子》："罗带惹香，犹系别时红豆。泪痕新，金缕旧，断离肠。一双娇燕语雕梁，还是去年时节。绿杨浓，芳草歇，柳花狂。"

（2）red bean 在英语文化中的内涵。

英语中 red bean 的文化内涵受《圣经》的影响颇深。《圣经》中，以撒（Isaac）为了一碗红豆汤而出卖了长子权。因此，红豆在西方文化中象征着见利忘义、为了微小的眼前利益而违背原则、出卖他人。例如，sell one's birthright for some red bean stew 表示"为了眼前的利益出卖原则，见利忘义"。

二、中西植物文化翻译

（一）直译：保留形象

如果某一种植物词汇在中西语言中具有相同文化内涵，或者文化内涵大致相同，即源语中的植物词汇在译入语中可以找到相同或相似的对应植物的形象时，我们就可以采取保留植物形象直译的方法。使用直译的方法不仅能够保留源语的文化特征，传递原文的风格，再现原文的神韵，而且能够使译文生动活泼，并且增进中西文化的交流，丰富译文的语言。例如：

laurel wreath
桂冠
peachy cheeks
桃腮
Oak may bend but will not break.
橡树会弯不会断。

（二）意译：舍弃形象

在翻译植物词汇时，我们可以舍弃源语中的植物形象进行意译，即抛弃原文的表达形式而只译出原文的联想意义。例如：

harass the cherries
骚扰新兵
He is practically off his onion about her.
他对她简直是神魂颠倒。
If you lie upon roses when young, you lie upon thorns when you old.
少壮不努力，老大徒伤悲。
Every bean has its black.
凡人皆有短处。

（三）直译加注释

在翻译植物词汇时，有时候为了保留原文的异域风味，丰富民族语言，同时便于译入语的读者理解，我们会使用直译加注释法进行翻译，即在翻译原文的植物词汇时保留原文的植物形象，同时阐释其文化意义。例如：

as like as two peas in a pod
豆荚里的两粒豆（一模一样）
A rolling stone gathers no moss.
滚石不生苔（改行不聚财）。

The proof of the pudding is in the eating.

欲知布丁味道如何，只有吃上一吃（空谈不如实践）。

While it may seem to be painting the lily, I should like to add something to your beautiful drawing.

我想给你漂亮的画上稍加几笔，尽管这也许是为百合花上色，费力不讨好。

（四）转换形象翻译

植物词汇一般具有两层含义：一层是字面意义；另一层是由其引申而来的文化联想含义。字面意义相同的植物词汇，其文化联想含义可能不一致，而字面意义不同的植物词汇，其文化联想含义可能一致。而一种语言一旦被翻译为另一种语言，译入语的读者就会按照自己民族的文化传统来解读植物词汇所具有的文化内涵。因此，当一种植物在中西语中所具有的文化内涵不一样的时候，译者在翻译植物词汇时就不得不考虑两种语言的文化差异、译入语的文化传统以及译入语读者的习惯，并据此调整植物词汇在译入语中的表达方式。例如：

as red as a rose

艳若桃李

spring up like mushrooms

雨后春笋

potatoes and roses

粗茶淡饭

Oaks may fall when reeds stand the storm.

疾风知劲草。

My new jeep is a lemon.

我的新吉普真是个蹩脚货。

（五）引申阐发译

对于一些特殊的表达，在翻译过程中，为了更加准确地表达原文含义，译者可以根据上下文以及逻辑关系，对原文中植物词汇的内涵进行引申。此外，有时还需要进行阐述解释，以保证译文的流畅自然。例如：

Tom will come to the party; the chance of a free drink is like a carrot to a donkey to him.

汤姆一定会来参加宴会的，白喝酒的机会对他来说是很有诱惑力的。

Every weekend his father goes golfing, and he is tired of being a grass window.

爸爸每个周末都出去打高尔夫球，他已经厌倦透了这种爸爸不在家的日子。

第三节 中西地理文化与翻译对比

地域生态文化是指由所在地域的自然条件、地理环境和生态环境所形成的文化，表现在不同民族对同一现象或事物采用不同的语言形式来表达。地域及生态环境是一个国家、一种文明最表层的外部条件，它们对人类文明发展的各个方面是有巨大影响的。马克思（Karl Marx）和恩格斯（Friedrich Engels）对此有过深刻地论述，他们指出，"人并没有创造物质本身，甚至人创造物质的这种或那种生产能力，也只是在物质本身预先存在的条件下才能进行"。

人类的自然环境是丰富多彩的，高山、湖泊、草原、盆地，等等，无所不有。但是不可能会有哪个民族所处的地理环境会涵盖所有的自然现象，由于地域的差异，总会有自身文明触及不到的东西。亚马孙河区的热带森林覆盖区湿润多雨，那里的居民根本想象不出"沙漠"（desert）到底是什么样子；对于居住在墨西哥平坦的尤卡坦半岛的人来说，"山"（mountain）也是一个超出他们理解范围的词，因为他们所生活的岛屿上最高的山丘也不过海拔30米；如果有人从未听说过大海（sea，ocean），那么他看到这个词的时候会如何理解呢？对于处在赤道附近的人们来说，能够理解中国俗语"瑞雪兆丰年"（A good year of snow）的含义吗？此外，怎样才能让游牧民族理解"城门"（city gate）的概念？

地理位置的不同，还会直接导致气候的差异。气候不仅影响人类生存的环境，同时也制约人类的思维方式和概念系统。对于处于温带的中国来说，一年有"春、夏、秋、冬"（spring，summer，autumn，winter）四季之分，而处于北美洲的玛雅文明中只有"干季"（dry season）和"湿季"（wet season）两种季节之分，请问怎样将"春、夏、秋、冬"译成玛雅语呢？

中国东临太平洋，西部与亚洲大陆紧紧相连，春天的时候便会吹来东风，因此东风也是温暖、希望的象征，如"东风夜放花千树"；而相反，在欧洲人看来，西风则为他们驱散寒冷的冬意，西风是温柔的、富有生机的，所以雪莱（Shelley）创作了《西风颂》来赞扬西风，表达自己的喜爱之情。在中国人眼中，西风常指秋风，与萧索、寒冷相联系，如"古道西风瘦马，夕阳西下，断肠人在天涯"（马致远《天净沙·秋思》）等，表现的是一种荒凉和孤单的感觉，它是与东风相对立的。在中国，"东风"和"西风"在特殊时代背景下还具有特别的意义：在中国现代革命史上，经常用"东风"代表革命政权，用"西风"表示反动势力，"东风压倒西风"就是指革命力量打败反动势力，具有鲜明的政治色彩。如果不明白这些文化差异，则很难弄清楚它们的内涵意义。

由于不同地域会有其特殊性，因此对某一特定事物的认识也会有所不同。法国著名翻译理论家乔治·穆南（Georges Mounin）在其《翻译的理论问题》一书中曾举过这样的例子：假设月亮是一颗不动的星球，在它的上下左右有四颗颜色分别为红、黄、蓝、白的星星A、B、C、D。当这四颗行星上的人们观察月亮的时候，由于各星球本身光芒的反射照耀，A星上观察到月亮的颜色是$A'+A''$，即橙色或玫瑰色;B星上观察到的月亮颜色为B′+B″,即绿色或浅蓝色;C星上观察到的月亮颜色为A′+B′,即橙色或绿色;D星上观察到的月亮颜色为A″+B″,即玫瑰色或浅蓝色。这样,当这四个星球的人们各自讨论自己所看到的月亮时,他们谈到的已不完全是同一个月亮了,因为他们看到的月亮颜色都是不同的;如果他们都不具备任何天文学知识,那么即使这四个星球的人聚集在一起,他们也不会知道他们眼中的月亮是同一个。这个例子形象地说明了不同的地域会给人们对特定事物的认识带来重大影响。

像这样的例子还有很多,如因纽特人长年生活在冰天雪地中,因此对雪的认识自然要比别的地区的人深刻得多。在爱斯基摩语中,有专门的词汇去为不同状态的雪命名,如正在飘落的雪(neigequitombe),已落在地上的雪(neigeausol),已凝固的雪(neigedurcice),粉末状雪(neigepoudreuse),等等。又如阿根廷高丘人的语言中,有200个描述马的毛色的词汇与表达方式,而法文中仅有10多个简单词汇和20多个复合词汇去表达马的颜色。又如非洲语言中关于棕榈树品种的分类词汇有60个,而法文中仅有palmier一词去统称各种棕榈树。这些文化上的差异都是由不同的地域环境与自然生态条件所造成的。

翻译是两种语言也是两种文化的转换,那么,对于这些地域生态文化上的差异,我们应该怎样进行转换呢?首先当然是"直译法"。由于不同的民族归根结底是生活在同一个物质客观世界,有些认识是相通的,人的认识及语言都具有同一性,这样,对相同的环境地域及生态学认识,如冷与热,雨与风,动物界与植物界的划分,时间的划分,植物的生长周期等可以直接对等翻译。

在因地域或生态不同而存在认识与文化差异时则可采取"直译加注"法。先直接将原文译出,再在页下加注,以便帮助读者更好地理解全文,保留不同的文化特色。翻译时要忠实于原文,但是首要的还是要让读者理解原文所表达的意义。如果译入语的文化中并没有原文中的自然现象,那就只能用它本身文化中的现象来解释代替原文中的特殊现象。如某些地域没有一年四季、沙漠、高山、河流、湖泊等概念,那如何才能将这些现象翻译成那个地区的文字呢?这时我们可用"解释法""定义法""替代法"来进行转换,如将"山"译为高达3000米的大山丘,将"河流"译为流动的水,将"湖泊"译为一片宽阔的水面。

由此可见,地域生态文化对语言及翻译有重大的影响,翻译工作者不仅要通晓本族语与外语两种语言,还要具备深厚的两种文化功底,深刻地了解两种文化之间的差异,更好地使读者明白原文的意义。在跨文化交际日趋频繁的今天,翻译要求我们不仅要做到语言意义上的对等,更要寻求文化意义上的对等,以达到翻译的最佳效果。

第六章 中西文化差异对翻译的影响与制约

由于人类在历史、民族和思维方式等方面存在差异性，从而形成文化的异质性，并影射到翻译活动中，使翻译过程产生矛盾，出现诸如"文化冲突"等现象。其他因素如政治形态、风俗习惯、宗教信仰等也会对语言表达和翻译实践产生更为明显的影响。文化的内容会随社会的发展而日渐丰富，各种文化之间的差异也变得更为广泛和深入，因此必然会借助种种形式表现于外，翻译也包括在内。随着时代的进步，文化差异对翻译的影响也会越来越明显。

第一节 中西文化差异对生活翻译的影响

目前，随着国家间的交流逐渐增多，文化、政治、经济等交流也更加密切频繁，其文化也影响着彼此，第一节同样以英语翻译为例介绍文化对当下人们生活翻译的影响。

一、中西文化差异下政策、法规翻译的特殊性

英语作为一种国际通用语言，在政治、经济、贸易、文化等领域都得到了广泛的应用。因此，我国在与世界其他各国进行对外政治、经济宣传时，必然会使用英语表述具有中国特色的政治时事术语。将中国的文化、政治、历史、价值观和思维方式等一系列中国特色的事物恰当地转译为其他语言，让世界各国的人们能够更好地、更全面地了解中国，中英语言的互译就成了当代翻译工作者所面临的一项迫切的任务。然而，当我们用英语去描述那些具有中国特色的事件时，会很容易发现从英语词典中根本找不到合适的、对应的表达方式。究其原因，还是因为中国与英语国家在历史文化背景、政治经济体制、社会意识形态上存在着极大的差异。这就要求翻译工作者，根据英语语言的特点，创造出既符合我国国情和思维方式，又符合英语特点，并能让英语国家人们读懂和理解的英语表达法。

在具体的翻译过程中，应随时注意时政经济内涵，弘扬各国优秀文化。翻译过程中，会经常碰到一些政治、经济等方面有特殊含义，容易引起负面影响的词语。为了维护国家尊严和利益，促进各国人民之间的交往，译者对相关国家的政治制度、经济政策应有一定的了解和把握。例如："四项基本原则"（the Four Cardinal Principles）；"与时俱进"（keep pace with times）；"全面建设小康社会"（build a well-of society in an all-around way）等表达方式，都是为国际社会所承认

并接受的中国英语表达方式。由此可见,当我们在对时事政治术语进行翻译时,需要注意两方面的问题:一方面要避免产生中国味道过于浓重的、不符合英文表达方式的英语,即"中式英语";另一方面,翻译者还要吃透政治术语的内在含义,避免错译和误译,杜绝政治歧义。政治方面的术语和句子往往具有很强的政策性,因此,翻译过程中不能够随意增减其中的措辞和用字,也不能将翻译难点避而不译。因此,这对于翻译工作者是一项挑战。时政词汇根据其不同内容、不同用法应充分关注以下几种不同的处理和翻译方法。

(一)翻译中缩写词的特点

缩写词的特点就是凝练、高度概括,并且常用数字词这类简单明了的缩写方式。此类表达法是时政词汇中比较常见的一种。由于缩写词具有上述特点,因此在理解过程中,就不能单纯只考虑或翻译词汇本身的字面意义,而要将词汇还原为本来的意义再进行翻译。翻译的重点是首先彻底领会缩写词表达的内容,然后直接将其所包含的具体内容全部译出,避免直译缩写词汇或数字所带来的歧义。例如"十五"计划(the Tenth Five-Year Plan),在翻译"十五"时,我们不能直接将其翻译成"fifteen",而是要把它所代表的内在含义翻译出来。

(二)政治时事术语要紧跟时代发展

政治、经济、文化等各方面在不同时期内的发展变化都能从政治术语中得到体现,如"四个现代化"(the four modernization)的表达方式就具有明显时代特征,并且现在已经被承认,并作为固定说法而延续下去。但相对于一些更新的名词而言,"继往开来"(carry forward our cause into the future)等都是当下流行的表达方法。此类词汇的翻译往往最初会采用译借的方法,将汉语的表达逐词对应翻译成英文,如"与时俱进"(keep pace with times)。而随着时代的发展,应采取合理的措施,做出相应的调整。因此,这就需要翻译工作者时刻注意词汇的含义扩展变化。翻译必须忠实于原文,例如撰写医学论文,当汉语术语的含义有所变化或进行扩展的时候,相应的英文翻译势必也要做出相对应的修改。

(三)英语双关用语及翻译

随着国际分工的深化、发展和全球经济一体化的趋势日益增强,国际间的商品流通日益频繁,各个国家为了争夺世界市场,竞相推销本国产品。因此广告日益盛行起来。"广告"一词源于拉丁文"advertere",意为"唤起大众对某种事物的注意,并导入一定方向使用的一种手段"。作为传播信息的手段,广告用语具有简洁、生动、形象、富有感情色彩和感染力的特点。广告语言是一种简练、含蓄、富有表现力和鼓动性的语言。而双关就是利用词语形成语音相同而语义不同的情况,使一个词语和句子在特定的语境中产生双重意义的修辞方式。这就给翻译广告英语中的双关用语,造成语言结构和表达上的困难。

因此,广告双关用语的翻译应根据广告的内容和特点,既要充分照顾到原文的语体风格及不同文化中存在的不同的语境表达,又要尽量传递出原文的信息。

二、中西文化差异下的商标翻译原则

商标翻译要尊重和把握民族心理差异,洞察译名的联想意义。民族心理是一个民族在长时间的演变迄程中由民族文化积淀而成的心理特征。由于各民族生态环境、演变历史、宗教信仰、政治经济等方面的差异,各民族心理特征也必然不同,从而产生千姿百态的价值观念、联想意义和消费心理。翻译时,一定要事先了解商品是推销到哪一个国家或地区,以便搞清楚哪些受欢迎,哪些又是应避讳的。如很多商标就以燕子来命名,因为它是"春天""生机""希望"的象征,然而在西方文化中,人们对燕子的好恶不尽相同,有些地方如果一个人肩上或手上落了一只燕子,则这人就被认为活不了多久。

商标文化和商标翻译,实际指的就是文化差异与翻译的关系。目前翻译界讨论最多的是异化和归化翻译策略的选用问题。异化翻译法主张译文应以源语或原文作者为归宿,归化翻译则认为译文应以目的语或译文读者为归宿。这两种翻译策略建立在源语与目的语文化存在着共性,并有其各自的个性之上。而在商标的翻译中,跨文化差异意识直接影响着上述两种翻译策略的选用。当商标的基本概念在源语与目的语文化中相一致的时候,商标原来的意向、概念和风格应予以保留,即采用异化翻译法;当商标的概念在两种文化中产生文化差异时,翻译者应当尊重目的语与市场中的文化,采用归化翻译法将商标翻译成目的语与市场的语言。在商标翻译中,应斟酌文化差异因素对译文的影响,而采用恰当的语言文字传达原商标的意义内涵。

三、中西文化差异对影视作品翻译的影响

在大众传媒广泛发展、全球化趋势愈加明朗的当今社会,跨文化交流的需求日益增强,翻译活动已经成为增进各国间理解和沟通的重要桥梁。而影视作品作为20世纪的新兴媒介,因其自身特点已经成为各国文化和语言的理想传播载体,在文化传播和跨文化交流中所起到的作用不容小觑。

影视作品翻译不只是语言的单纯转换,它在很大程度上要受到译入文化的制约,所以研究电影字幕的翻译就必须着眼于如何处理好源语文化与目的语文化之间的关系。而译者作为译介,承担的主要任务便是促进不同文化之间的融汇交流,减少文化差异,达成文化的有效传递。每一部影片都是一定文化区域历史和社会文化的反映,在影视作品的源语中都包含大量具有特定文化背景及含义的词语,将其置于目的语文化中则会出现文化交流的缺失和断裂,如何去处理此种情况,就必将涉及文化的两种翻译策略,即归化翻译和异化翻译。在翻译界中归化、异化策略成为引起广泛争论与探讨的问题。归化翻译法和异化翻译法是当今翻译界比较常见的两种翻译方法,也是文化翻译中最常见的两个翻译策略。

影视作品的翻译必须以其对象观众为中心,考虑到他们大部分人的语言水

平、文化水平和接受程度，这也就意味着影视作品翻译不能像一些严肃的文学作品翻译那样，强调忠实于原文作者，而应该更多地考虑观众的反应。从语言上看，影视作品的语言必须是能够说出来的语言，必须能够用口语表达，而并非仅限于书面表达。虽说某些小说的语言看起来很美，但是读起来却未必上口，甚至会造成同音异义的误会，这在书面语言中是体现不出来的。因此，影视作品的翻译还要注意语言的读音与意义的协调；要使用口语化的语言，而不是文韵十足、让人无法接受的书面语言；要使用令观众身临其境、仿佛事情真的发生一样的语言，而非生硬死板的语言。

大部分影视作品的翻译语言应当使用普通话，因为我们翻译的影视作品的对象不仅仅限于一个地区，如果使用方言，那对于不属于这个地区的观众来说，他们就很难欣赏这部影片。因此，要尽量避免使用方言。但是这并不排斥使用少量的非正式的普通话及方言以达到原作品的表现效果。影视作品的翻译与文学作品的翻译相比，具有如下特点。

（1）口语化特点。我们翻译文学作品，比如小说时，所用的语言一般比较正式。当然小说里也会出现对话等口语化的东西，但总体来说，小说语言要比影视语言更为正式和规范。电影是一门综合艺术，但语言在电影中起着至关重要的作用。电影语言绝大部分是对白，因此必须要遵循口语化的特点。影视语言应当自然、生活化，甚至像日常生活中的语言那样零碎和不完整，有较多的俗语、俚语及语气词。不仅应该做到文字上通顺，更要贴近生活，易于上口及听懂。原因在于人们通常是"读"小说，"看"电视，接受译文的途径不同，因此就会有不同的要求。同样一句译文，当你用眼睛去看时觉得没什么不妥，可当你用耳朵去听时，也许会觉得不自然，所以口语化在影视作品的翻译中十分重要。例如电影《保镖》中 Rachel（雷切尔）与她的保镖 Frank（弗兰克）初次见面，有这样一组对话：

Rachel：Hello.（你好。）

Frank：Hi.（你好。）

Rachel：Well, you don't look like a bodyguard.（你看起来不像保镖。）

Frank：Who'd you expect?（你觉得保镖应该是什么样子？）

Rachel：Well, I don't know, maybe a tough guy.（嗯，我也不知道。或许应该很强壮吧。）

Frank：This is my disguise.（这样可以掩饰我的身份。）

两人初次见面，Hi 及 Hello 都译为"你好"比较生活化。"Who'd you expect?"如果直译为"你期待的是什么样的人？"观众理解会有难度，或者说不够口语，不符合中国人的口语习惯。而把这句译为"你觉得保镖应该是什么样子？"听起来就自然多了，而且能够与上文连贯起来，前后呼应。"This is my disguise"显示出了 Frank 的幽默感，如果直译为"我用它来做掩饰"显得非常生硬，无法体现人物性格，译为"这样可以掩饰我的身份"则将 Frank 的机智幽默体现得淋漓尽致，与人物所处的情景及人物性格相吻合，更具生活气息。

除此之外，也由于观众所处地域的不同，要求将对白转换为准确的普通话口语，并根据剧情、潜在观众的认知能力，用适当的语言来传达影片信息和人物感情。

（2）观众的文化水平不同。一般来说，阅读文学作品的人是能够欣赏文学的人，他们的文化水平相对较高，感情比较丰富。由于可能经常阅读类似的译文，因此若译文中出现一些西式的句子，他们也不会感到奇怪，或者感到理解困难。而对于影视作品来说，这一点就不同了。由于改革开放，我们现在大量引进英文影片，种类也多种多样，恐怖片、警匪片、科幻片、喜剧片等，因此各种文化层次的观众都有可能接触到这些作品。影视作品的观众相对文学作品的读者来说，文化层次要更广泛一些，这也就意味着译文要更通俗易懂。否则，译出来的影视作品不能为大部分观众所接受，影片再好，也会影响到其收视率，当然更主要的是影响我们从中了解他国人民的不同文化、生活方式、审美情趣和价值观念等。

对于不同民族语言中的俚语、双关语、歇后语或者厎这些词语组成的语言游戏，有时直译是不能表达清楚它们的意思的。在文学作品的翻译中，可以用注释的方法解决。而在影视片的翻译中，就只能用比较贴切的汉语去代替。当然这需要翻译工作者费一番脑筋。译文要符合中国观众的文化习惯，满足他们的文化期望，才能取得较好的翻译效果。

（3）口型及字数的制约。影视作品翻译的主要任务是为配音提供蓝本，所以译文不得不受到屏幕上画面的限制。因此要在保证准确、生动、感人的前提下，力求与原剧中人物口型相符合，努力使译文与原文字数相当，长短一致，并在节奏、轻重、停顿等方面取得与剧中人物一致的语气和语调。但由于语言之间表达的不同，即使是同义词，发音在口型上的差距也很大，这成为一个难点。

很多时候，由于演员的语速太快，原本完整的句子就要精简为短语或词组以配合口型。而有时由于演员夸张地表演或情感的要求，我们又要将很短的句子读长，为了和口型吻合就要适当添加一些词。译文过长或者过短都会给配音带来困难，甚至影响破坏人物性格的塑造和情绪的表达。演员说话时停顿的地方，译文也要能够有停顿。否则，观众会感觉不协调、不自然，体会不到原片所要带给人的一些特点。

例1：Didn't he tell you?
①难道他没有跟你说过吗？（过长）
②他没告诉你吗？（相当）

例2：Memories are wonderful…and the good ones…stick to you like glue.
回忆是美好的，……（而）好的回忆……将伴你终身。

另外，如果演员发某些音的时候嘴巴张得较大，翻译时应尽量考虑采用开口音；反之如果原文是闭口音，也要用闭口音。

翻译的文字还要出现在屏幕下方，因此翻译还要受到字幕的限制。每行字幕一般在屏幕上停留的时间只有2~3秒钟，观众在这短短的几秒钟既要欣赏画面，又要扫视字幕领会其意义，因此在翻译中也要对原文信息、情感等方面做适当缩减，与画面一致。

因此，"口型化"可以说是影视翻译区别于文学作品翻译的一个最突出的标志。一部小说，译文多几个字或少几个字，读者不会太在意，也不会影响翻译质量。但影视作品中，口型和字数的限制，使翻译不像文学作品的翻译那么可以发挥。

（4）语言的性格化和情感化。动人故事是由影片中主要角色的言语行为构筑起来的，人物的性格越是鲜明，故事就会越感人。语言性格化就要准确把握人物个性，结合人物身份、地位、文化背景等，还要结合演员面部表情、口型及画面，给出最符合原文又能准确表现人物个性的语言，使译文言如其人，使原片的语言得以重现；情感化就要求翻译者努力进入角色，设身处地，从人物内心深处把握领会其言语的确切含义，从而使译文有感而发，具有真情实感，将人物的喜怒哀乐以及各种潜在情感译出。好的影片翻译，要让观众感觉不到是经过配译而成的。

例如，《乱世佳人》中斯佳丽（Scarlett O'hara）千辛万苦逃回德园，却发现母亲染病去世，父亲也因此神志不清，整个德园变成废墟。她发誓："As God as my witness, as God as my witness, they're not going to lick me, I'll never be hungry again, no, nor any of my folk, if I have to lie, steal, cheat."（让上帝见证，上帝见证，我是不会屈服的，我要渡过这个难关，战争结束后，我再也不会挨饿了，不要，我的家人也不要，即使让我去撒谎、去偷、去骗。）斯佳丽的誓言配上她脸上坚毅的表情，再配上逐渐扩展开来的整个德园的背景，都让观众看来无比震撼，直译过来的台词更能让中国观众感受到斯佳丽坚强的个性、无畏的精神和她对家人的呵护照顾，从而让这个个性鲜明的形象在观众心中更有吸引力。

当然，由于汉语讲究意合，而英语讲究形合，中英文语言的自身特点使译文会丧失某些意义。比如影片中黑人使用的英语是不标准的，他们的语言是他们的身份标志，这种形式上的特点在译文中就无法体现。例如："I knows, I knows, I knows how to do it. I've done lots and lots. Let me doctor. Let me. I can do everything."（我知道，我知道，我全知道。我做过好多次了，让我做医生吧，我一切都会做。）

总结以上几方面，口语化要求译文具有生活气息，自然生动；由于接受者的层次有所不同，因此要为观众服务，使译作通俗化；口型是对译文形式、结构等方面的严格规定；性格情感化要求文如其人，人物话语要带有人物个性，语出有情，言语真实感人；文化背景是翻译的大环境，所有上述特点都要建立在这个基础上。这几个方面都是影视翻译的基本特征，也是必须遵循的基本原则。这几方面相辅相成，共同作用，不能顾此失彼，这样才能给出最贴近原文的译文。

随着大量的外国影视作品的涌入，如何翻译好外国影视作品，已成为一个亟须解决的课题。现在许多译者不顾剧情内容和人物性格乱译，或者不弄清楚原意

第六章　中西文化差异对翻译的影响与制约

而误译的情况相当严重,加上网上传播和媒体炒作,以讹传讹,要改正都很难。在第58届艾美奖竞逐中落败的美国热播电视系列剧《绝望主妇》,在引进我国播放时被译为《疯狂主妇》,虽然也有人认为改得好,但其实是败笔,因为违背了原意。其原名 The Desperate Housewives 强调当今美国主妇们在性别歧视和"大男子主义"肆虐下的绝望心态,照原意译为"绝望",比较深刻,而擅自译成"疯狂"则比较肤浅,因为疯狂只是绝望衍生的一种行为。第78届奥斯卡奖最佳外语片《救赎》,最早在港台地区被译成《黑帮暴徒》,把两个近义词放在一起,已经不妥,加重贬义,若联系剧情,则更有丑化之嫌。时下,乱译、误译的现象相当普遍。另外,受港台译法的影响也颇大,往往只顾宣传效果,结果译名千篇一律,什么《××任务》《××第六感》《××追缉令》《神鬼××》《终结××》等泛滥成灾。

外国影视作品的翻译,基本上同文学作品的翻译一样,分为直译和意译。至于这两种翻译有什么标准,一个世纪前著名学者严复提出的"信、达、雅"至今仍有一定的权威性,仍可供我们遵循,从而使得外国影视作品的翻译规范化。

中国翻译界对"信、达、雅"这三个标准一直有不同的解释,争论不休。不妨简单实用一些,"信"指准确,忠实原文,力避强加或过分润饰。"达"指达意,要求把原文的深刻含义、人物的思想感情、描写的诗情画意、话语的幽默感和所用的修辞手法等尽可能地表达出来。"雅"指风格,要求把原作者的个人风格呈现出来,这是翻译的最高境界。

外国影视作品的翻译如果涉及的不是剧本而是配音,则同文学作品的翻译有些不同。对白的译配必须考虑到口型、时间及效果等因素,允许在保留原义的前提下有稍大的改动,允许导演和演员进行润饰。我国译制外国电影历史悠久,从20世纪10年代起,经过了当场口译、中文字幕、意译和配音等几个阶段,特别是20世纪30—40年代美国影片和50年代欧洲影片的大量涌入,使影视作品的翻译积累了相当丰富的经验。像上海电影译制厂对有些外国影片的译配,甚至可以说达到了"雅"这样的高水准,令人赞不绝口。

影片的片名犹如商店的门面,是一个"能指"的符号。既要吸引眼球又要被观众牢牢记住。外国电影现在在片名上趋于平实化,大都不耍花招,往往用一个人名或地名,一个普通词组来当片名。而汉语十分精炼,讲究比兴和韵律,受传统翻译,尤其是鸳鸯派翻译的影响,长期以来十分注重片名的形象化和成语化。翻看20世纪30年代以来在我国上映的外国影片的片名,三字、四字、五字式的画龙点睛译法比比皆是。三字如《红菱艳》《金石盟》《荡寇志》等,四字如《翠堤春晓》《魂断蓝桥》《出水芙蓉》《一曲难忘》《红楼金粉》《孤星血泪》《相见恨晚》等,此外还有《盲女惊魂记》《乱点鸳鸯谱》《天涯何处无芳草》等,都是佳译。其中三字化、四字化译法比较流行,例如格里利高·派克(Gregory Peck)主演的《乞力马扎罗的雪》缩译成《雪山盟》、奥黛丽·赫本(Audrey Hepburn)主演的《莎布丽娜》缩译成《龙凤配》、奥斯卡奖最佳影片《阿拉伯的劳伦斯》缩译成《沙漠枭雄》。近期外国影片片名译得好的也有,如 The Madison Bridge,原名《麦迪孙桥》，现译为《廊桥遗梦》，既点出剧情地点，又简括整个故事的结局。*Unforgiven*，原意"不可饶恕"，若作为中文片名，太平淡，现译为《杀无赦》，既上口，又符合影片内容。*Untouchable*，原意"不可触摸"，该片讲四个勇斗黑帮的义士，译成《铁面无私》较贴切。

对白是影片重要的组成部分。由于外国人和中国人在文化上存在一定的差异，而且生活习惯也不相同，因此对白的翻译难度较大。至于对白为了配音的翻译，更是难上加难。上海电影译制厂给《加菲猫2》加进十多处流行用语，如"不爽""顶你"等，如此创新难能可贵。

对白在翻译时一定要紧扣人物的性格，紧扣人物当时的心情，在遣词造句和语气表达上多下功夫，力求性格化和口语化，同时要兼顾外国人和中国人的说话习惯。外国的文艺片里名言颇多，含有人生哲理意味的名词颇多，翻译时务必多琢磨、多推敲，尽量用一种近似格言的形式呈现出来。

美国电影学会（AFI）去年评选出"美国电影史上一百句最佳台词"，并称它们已经成为美国语言文化的一个组成部分。其中排名第3的一句是"Love means never having to say you're sorry."它也是《爱情故事》的宣传用词，现已被传诵为爱情名言。我国的普遍译法是"爱意味着永不说抱歉（或对不起）"。该片描述名门出身的奥立弗爱上劳工的女儿珍妮弗，两人冲破门第结合在一起，谁料珍妮弗患上绝症，跟痛苦万分的奥立弗诀别。此台词在片中出现了两次：一次是因吵架而出走的珍妮弗对着赶来找她的奥立弗边哭边说的，是她向他表明自己的忠诚，也提醒他不可懊悔；另一次是奥立弗失去珍妮弗后对着自己父亲语气肯定地说的，则是他向其父表明自己对这场生死绝恋毫无悔意。由此，应译为："爱，意味着永远不说后悔。"you're sorry 跟 I'm sorry 意思不同，后者才是"对不起"。再如排名第1的"Frankly, my dear, I don't give adamn."（坦白说，亲爱的，我一点不在乎）"，是《乱世佳人》结尾，白瑞德和斯佳丽生的心爱女儿骑马摔死，他决意离去，斯佳丽急切地问他她该怎么办时白瑞德所说的，很符合他玩世不恭的性格。而斯佳丽永不服输，虽然心爱的男人走了，虽然德园毁了，但还是倔强地说："After all, tomorrow is another day!"（不管怎么说，明天又是新的一天。）

翻译既包括外语译成汉语，也包括汉语译成外语。"电影""影片"这两个常用词，看似很简单，但译成英语常常出错，如把"电影频道"中的"电影"以英文 movie 表示，殊不知此词仅在美国常用，在其他国家都不通用。世界通用的则是 film 或 cinema。现在美国也常用 film 来泛指电影，例如 new hollywood film（新好莱坞电影）、American Film Institute（美国电影学会）等。"最佳故事片"用英文"Best Feature Picture"表示，也不合国际惯例，现在绝大多数电影节评选的"最佳影片"中的"影片"一律用 film。上述 picture 显然借鉴了奥斯卡奖最佳影片的表示法，该奖的主办机构——电影艺术与科学学院英文名称里的 motion picture 原指活动影片，后转意电影，已属过时术语（该学院成立于1927年），picture 现在主要含义是"照片、图片"等。

另外，还有一些常用术语也被译错，应予以纠正。drama 在金球奖和艾美奖中用以区别音乐剧（片）、喜剧（片）类，现在常译为"剧情片"，有人甚至提出译为"文艺片"，但须知"文艺片"已有 art film 一词。其实 drama 最早是作为古典戏剧的一大类型，即有别于悲剧和喜剧的正剧，故译成"正剧片"未尝不可。Cinema d'Auteur 法文原指法国"新浪潮"中一批导演把摄影机当作自来水笔写作那样拍电影，曾译为"作家电影"。但后来有美国电影理论家把该术语引用到好莱坞许多大导演的作品，认为影片乃是导演呈现个人思想观点和风格的媒介。因此，再译成"作家电影"，并套到希区柯克（Hitchcock）等人的头上，显然不妥。

随着世界电影的多极化，如今已出现多个"×莱坞"，如 Bollywood 一词指印度最大的商业电影摄制基地——孟买。Bo 这一词冠正取自于孟买 Bombay 的前两个字母，故译成"孟莱坞"绞妥，既指明所在地区，又凸现它与好莱坞并起并坐的地位。有人译为"宝莱坞"欠妥，尽管它叫得响，但"Bo"对印度人来说并无"宝贵"等意。

总之，我国影视翻译亟须规范化，以防止乱译、错译的情况一再发生。语言是文化的一部分，在语言的转换过程中自然会受到文化因素的影响。与文学作品翻译一样，影视翻译中的文化词条很难处理。在小说中，译者还可能利用注解来说明译文中不容易理解的地方，影视翻译中是绝不可能的。所以，凡是直译无法使观众立即听懂的词，常采用意译，将其原意"隐藏"。只有选择中国观众易于接受的词语和文化意象来进行影片翻译，才能使中国观众对影片的欣赏感受与原片观众的感受最接近。

例　如：We were in love. We used to meet in secret. It was like *Gone with the Wind*, but there was no tomorrow.

我们相爱了。常常秘密幽会，可不久便分手了，一切烟消云散。

例中的 *Gone with the Wind* 是人人皆知的小说《乱世佳人》。但是无论怎么翻译，中国观众也不会联想到这本小说，所以不如将它意译为"烟消云散"。但是如果直译不妨碍人们的理解，往往这样更容易达到与原文相似的效果。尽量保持原片的原汁原味，适当纳入英美文化，可以进一步促进中外文化交流，让中国观众更好地感受异国情调和他们特有的习俗。例如，许多欧美人都是虔诚的基督教徒，《乱世佳人》中有一段牧师的祷告："With the lord as my shepherd I shall not want. He makes me to lie down in green pastures with the sword at my soul. He lead me in the paths of righteousness for his name's sake. Even though I walked through the valley at the shadow of death, I will fear no evil. For thou art with me, thy rod and thy staff, they comfort me."（耶和华是我的牧师，他让我躺在青草地上，他使我的灵魂苏醒，领我在可安歇的水边。他以自己的名义引导我走路。我虽然走在死荫的幽谷，也不怕遇害，因为你与我同在。你的枝，你的竿，都安慰我。）显然中国观众在生活中并不熟悉这样的场景，但译文使他们同样感受到了祷告给饱经战争惊吓的人们带来的精神抚慰。感情是相通的，中外文化在宗教及意识形态上的不同并不会阻碍中国观众接受欧美文化，反而会促进国家之间文化的交流，让观众更切身去体会到不同的文化。

汉语和英语来源于两个截然不同的文化体系，东西方文化与思维方式具有不同的特点。东方文化以传统儒家思想为主体，同时受道教、佛教思想影响，崇尚"天人合一"的思想理念，体现了中国文化的一脉相承和稳定性；而多元性的西方文化是与现代科技文化糅合在一起的一个有机整体，形式多种多样，语言丰富多彩。东方人重共性，突出群体，西方人重个性，崇尚个体；东方人重归纳、重暗示，西方人则重分析、重细节。语言是思维的载体，东西方文化及思维上的不同也同样体现在语言上。虽然有些差异随着东西方文化交流的深入和相互影响已被公众所理解和接受，但有些语言差异仍是东西方交流的障碍。如由于文化背景的不同，英语影视作品中富有隐含文化因素的典故、双关语等会给中国观众带来理解上的障碍，因此特别难译。译文如不能传达到位，势必会使中国观众产生隔阂，从而降低影片的艺术性。对于中外观众知识面及文化背景等方面存在的巨大差异，电影翻译工作者应尽可能地帮助观众去理解电影剧情，理解那些与一个民族的历史、地域文化、宗教习俗等有着密切联系的语言现象。当然，对外国文化的了解一定程度上有赖于书面出版的翻译作品和大众传媒对外来典故、俗语、比喻和地理、历史等方面的推广和普及。电影翻译的综合性、即时性、口语性和无注性等特点决定了电影翻译的准则和方法，它必须以目的语观众为中心，努力照顾观众的理解水平，这样我们可以总结出电影翻译中处理文化差异的三大原则：

（1）电影翻译的译文语言必须浅显易懂；
（2）保证观众比较容易地理解情节；
（3）尽量保留原语言的审美享受。

从这三大原则来看，归化的翻译手段似乎更能满足其要求。归化的好处在于"其文化形象都是译文读者所理解并且耳熟能详的"，这正好符合第（2）条原则，语言地道生动也就是说保留了语言的审美享受，归化法不会给读者带来任何理解上的困难，则满足了第（2）和第（3）条原则。但是异化法可以向观众传达异国情调，帮助其体会异域魅力，从而更好地欣赏电影，这也满足了第（3）条原则。所以在进行电影翻译时要把握好归化异化理论的应用，以归化为主，适时地使用异化。

第二节 中西文化差异对翻译的制约

文化是通过语言来传承的，语言承载着社会文化，而社会文化指的是一个社会所具有的独特的信仰、习惯、制度、目标和技术的总模式，既包括各种社会组织、机构、团体等实体，又包括属于这些实体内的各自的信仰、思想、习惯、婚姻、家庭模式、语言等方面。换言之，文化是人类所创造的物质文明与精神文明的总和。文化对语言具有一种潜在的影响。语言的表达形式从某种程度上讲受制于其所存在的社会、文化背景，涉及讲该语言的民族对人生的看法，以及其思维模式和生活方式。在此试从多个层面讨论文化对译语的制约关系及翻译时的文化处理。

一、对译语中词汇选择的制约

词汇是构成语言的基本要素,是一种语言系统形成、生存与发展的支柱。文化具有共通性与异质性,前者表明地球上的人的思维具有相同或相似性,是可以沟通的;后者作为异质性的文化使得该语言系统中出现词汇空缺。这种词汇空缺背后的真正原因是该语言中所蕴藏的与一个民族相关的各种文化现象。"谋事在人,成事在天"是一句惯用语,人生在世一般都要耳闻几十年,受佛教思想影响较深的人,在译其中的"天"时,首先想到的是"heaven"一词,即译为"Man proposes, heaven disposes";而受基督教思想影响较深的人,在译"天"时,则首先要想到"God"一词,即译为"Man proposes, God disposes",这就是说,宗教文化(佛教文化与基督教文化)制约了译者对词汇的选择。但是,这种制约并非总是一成不变的。根据跨文化交际的需要,或是输出本族文化以及引进外来文化的需要,文化对语言的制约又受到归化与异化翻译手段的制约。

中英两种语言都有丰富的谚语。我们知道谚语是广泛流传于人们之间的固定语句,用简单通俗的话反映出深刻的道理,是社会生活经验的总结。但是,不同的民族文化使得谚语在用词方面存在差异。比如汉语中的"物以类聚,人以群分",英语说"Like attracts like/Birds of a feather flock together."很显然,汉英谚语在表达上差异很大,对于译者来说,这不是照字面翻译就可以解决得了的,而要依据目的语读者的文化,采用相应的译法。包惠南认为,"当无法在译语中再现或移植源语成语中的形象时,可用符合译语表达习惯并为译语读者所熟悉的形象替换源语成语中的形象,但仍可借助译语中相应的形象,使译语读者产生与源语读者相近或相似的语义联想,获得大体相同的艺术感受"。类似的现象在英谚汉译或汉谚英译时均不少见。试看几例:

你的所为等于是"脱掉裤子放屁——多此一举"。

译文:What you have done equals "carry coal to Newcastle".

Teach your grandmother to suck eggs.

译文:你这黄毛小子,居然教训我们这些老前辈来了——给我闭嘴!

Arthur was not, but whilst he was.

译文:人只能显赫一时(风水轮流转)。

The Bible and a stone do well together.

译文:胡萝卜加大棒(恩威并用)。

Rome was not built in a day.

译文:冰冻三尺,非一日之寒。

The early bird gets/catches the worm.

译文:捷足先登;先下手为强。

All roads lead to Rome.

译文:但有绿杨堪系马,条条道路通长安。

"增加混乱的倒是有些悲观论者……将一切作者诋为'一丘之貉'。"(《鲁迅全集》)

译文: In fact it is these pessimists who increase the chaos by…considering all writers birds of a feather.

从上述译例中可知,源语与译语已发生根本性变化,如同前面包惠南先生所说的,译者无法在译语中再现或移植源语谚语中的形象时,采用了符合译语表达习惯并为译语读者所熟悉的形象替换源语谚语中的形象,但仍借助译语中相应的形象,使译语读者产生与源语读者相近或相似的语义联想,从而获得了大体相同的艺术感受。

二、对涉及历史故事或历史事件的习语的制约

历史上的一些著名事件或故事,由于其所发生的年代、涉及的人物及所产生的结果的特殊性,在社会各阶层的人们中产生的影响深刻而又久远,且流传甚广。因此遇到有类似于这种历史事件或历史故事中的人物、事件、原因、结果等情况时,人们自然会产生相应的联想,把它们联系在一起,在表达时通常采用一种简洁的形式,经过一段时间之后就成了如今的习语,如汉语中的"破釜沉舟"使人想到的是西楚霸王项羽。据《史记·项羽本纪》记载:"项羽乃悉引兵渡河,皆沉船,破釜甑,烧庐舍,持三日粮,以示士卒必死,无一还心。"后遂以"破釜沉舟"表示下定必死决心,有进无退干到底。明朝史可法《请出师讨贼疏》:"聚才智之精神,枕戈待旦;合方舟之物力,破釜沉舟。"曹禺《日出》第二幕:"你按部就班地干,做到老也是穷死。只有大胆地破釜沉舟跟他们拼,还许有翻身的那一天!"而英语中的 burn one's boats/bridges 使人想到的却是古罗马的恺撒大帝(Gaius Julius Caesar),他曾率领大军乘船越过卢比肯河(Rubicon)后就把船烧了,以此向士兵指明后路已断,不可能后退。不管什么文化的读者会想到什么样的人物,"破釜沉舟"常常会被用来比喻"不留后路,下定决心干到底"。而汉英文化在此所起的作用就是给予读者不同的文化背景与不同的形象,如后者是不可能给中国读者"破釜甑"的形象的,一个不熟悉汉语历史性典故文化的人是不可能把它译为"破釜沉舟"的。

三、对涉及人名的谚语与歇后语的制约

中国有丰富的谚语与歇后语,其中涉及人名的也不少见,像庆父不死,鲁难未已;情人眼里出西施;司马昭之心路人皆知;说到曹操,曹操就到;阿庆嫂倒茶——滴水不漏;白素贞不舍许仙——恩爱难丢;曹操派蒋干——用人不当;曹营的徐庶——人在曹营心在汉;嫦娥脸上长个痣——美中不足;东施效颦——丑上加丑;貂蝉嫁吕布——英雄难过美人关;慈禧太后听政——专出鬼点子;关云长守嫂嫂——情义为重;韩信拜帅——有用武之地;河伯娶亲——坑害民女;华佗行医——名不虚传;黄忠交友——人老心不老;孔夫子的手巾——包书(输);

孔夫子的文章——之乎者也；张飞打岳飞——都是硬汉，也说乱了朝代；张飞翻脸——吹胡子瞪眼睛；猪八戒不成仙——坏在嘴上；诸葛亮丢了荷包——没有计了，等等。此处提到的一些谚语与歇后语无不与文学作品密切相关，离开了文学作品，它们多数是不可能流传至今的。请看以下两例：

"说曹操，曹操就到，怎么你们大学教授也逛夜总会来了？"（茅盾《子夜》）
Talk of the devil! Fancy meeting a university professor in a nightclub.

从译例可见，因受文化的影响，译例中像曹操之类的人名已完全消失；而且谚语只说出了一部分，完整的说法是"Talk of the devil, and there he appears."除此之外，可说"Speak of angels, and you will hear their wings/Think of the devil and he's looking over your shoulders."

他必审问我，我给他个"徐庶入曹营——一言不发"。（罗贯中《三国演义》）
He's sure to ask questions, but I'll hold my tongue to begin with.

这两例涉及谚语与歇后语，都出现在文学作品中，它们的英译例在很大程度上都受到了英语文化的制约与影响，汉语中的人名文化已不复存在，英译例所传达的仅是英国人并不陌生的意思，没有汉文化中人名的半点踪迹。

在英语谚语方面（英语中没有歇后语一说），人名谚语也时有所见，像"A good Jack makes a good Jill/Gill；All shall be well, and Jack shall have Jill；Jack of all trades and master of none."再看来自文学作品的一个例子：

He's had dozens of jobs all told…He's, I'm afraid, a jack of all trades and master of none.
他总共干过几十种工作……不过恐怕没有一行是精通的。

四、对涉及人名、地名习语文化的制约

中国有丰富的涉及人名的习语文化，像八仙过海，各显神通；狗咬吕洞宾，不识好人心；成也萧何，败也萧何；韩信点兵，多多益善；跑得了和尚，跑不了庙；得陇望蜀；八公山上，草木皆兵；邯郸学步；三个臭皮匠，合成个诸葛亮，等等。请看以下两例：

"三个臭皮匠，合成个诸葛亮"，这就是说，群众有伟大的创造力。（毛泽东《组织起来》）
"Two heads are better than one." In other words, the masses have great creative power.

我说你"得陇望蜀"呢。（曹雪芹《红楼梦》）
You are like the famous general："One conquest whets the appetite for another."

这两例涉及人名、地名的习语文化，都出现在文字作品中，它们的英译例在很大程度上都受到了英语文化的制约与影响，汉语中的人名文化已不复存在，英译例所传达的仅是英国人并不陌生的意思，没有汉文化的半点踪迹。但是，有时

也与译者翻译中所持的立场有关，如果译者想要输出部分或全部源语文化，他是可以摆脱目的语文化对译例的某些影响的。例如：

他听见老孙头正在说道："穷棒子闹翻身，是八仙过海，各显其能。"

Old Sun was making a speech, "When we pass from the old society to the new, each of us shows what stuff he is made of like the Eight Fairies when they crossed the sea."

在此例中，汉文化色彩很浓的"八仙过海，各显其能"已在译例中被部分地译出，但隐去了其中的"八仙"之所指：汉钟离、张果老、吕洞宾、铁拐李、韩湘子、曹国舅、蓝采和、何仙姑。

在英语中，涉及人名、地名的习语也是存在的，像 Simon Legree 是美国女作家斯托夫人所著《汤姆叔叔的小屋》一书中管黑奴的工头，此人既尖酸刻薄，又好吹毛求疵，汉译就是"尖酸刻薄、好吹毛求疵的人"；be in Burke 汉译为"出身名门，贵族门第"，源自编纂《贵族人名录》的作者爱尔兰人约翰·伯克（John Burke）之名，该《人名录》自1826年出版以来一直被公认为研究英国贵族阶级及其家谱的权威著作，故列入伯克氏人名录即为贵族出身。May Fair 汉译为"不受出身等限制无条件继承取得的不动产"，其中 May Fair 为"伦敦西区贵族住宅区"，18世纪时，这里每年五月均有集市，因而得名。对照渊源与译例，不难发现译例在很大程度上受到了汉语文化的影响，而其中的英语文化也被隐去。那就是说，译者在翻译时采用的是一种归化翻译策略，更多地考虑了目的语读者的文化。

总之，文化对译语的制约影响了翻译中译者对词语的选择及文化现象的处理，这种影响的范围是很大很广的，涉及语言的各个层面，其中特别是惯用语。惯用语的来源甚广，除了源自前文提到的宗教、历史事件与历史故事、谚语、歇后语、人名与地名外，还有源自寓言故事、神话故事、传说、民间习俗、文学作品、动植物名称、生活用品、体育用品或体育用语等方面的。由于受地域文化的影响，它们的译语多数更接近于目的语的文化意义，不懂源语的中国读者总以为自己在读本族语作者所写的作品，如在读作品中出现的 burn one's boats 的译例"破釜沉舟"时，他们所产生的联想也肯定会是有关西楚霸王项羽的，反之亦然。而因为懂源语文化的译者有时在更多地考虑不懂源语文化的读者，所以目的语文化不可避免地影响了译者对用词、语义的选择。这在客观上阻碍了目的语读者对外国文化的了解、吸收与传播。解决的办法就是，译者在做翻译时首先应树立正确的人生观、翻译观，并从社会实际出发正确理解翻译的目的与意义，选择正确的翻译策略与方法，以优化对外经济与文化交流为己任，消除翻译中文化霸权主义的干扰与影响，努力实现翻译作为桥梁与纽带的作用。

第七章 结 语

当今时代,"文化"已经渗透到社会的各个角落,体现在人们日常生活的各个方面,且承载着丰富多彩的内涵与信息。同样,文化对语言及翻译也具有不可忽视的影响。语言本身就是一种社会文化现象,是社会文化发展下的产物;同时语言也是文化的载体。语言与文化的密切关系也决定了翻译与文化之间的密切关系。翻译是两种语言之间的转换过程,在这一过程中,必然会涉及两种不同的文化。实际上,翻译是一种跨文化的活动。翻译既要做到语言意义上的等值,又应做到文化意义上的等值。关于文化与翻译的关系,我国著名学者王佐良教授曾指出:"他(翻译工作者)处理的是个别词,他面对的则是两大片文化。"在翻译实践中,译者遇到的最大困难通常不是语言,而是文化。

因此,译者除了具备扎实的语言知识,还应具有较高的文化素养,这对翻译实践具有非常重要的意义。在文化全球化背景下,从文化视角对语言及翻译进行研究显得尤为重要。在跨文化交际中,文化是相互影响和渗透的。《朗文当代英语词典》对文化的定义是:"The ideas, beliefs, and customs that are shared and accepted by people in a society." 文化是一种社会现象,是人们长期创造形成的产物。同时又是一种历史现象,是社会历史的积淀物。确切地说,文化是指一个国家或民族的历史、地理、风土人情、传统习俗、生活方式、文学艺术、行为规范、思维方式、价值观念等。

洪堡特(Humboldt)认为,"每一种特定的语言实际上都是三种不同的力量会同作用的结果:其一是客体实在性质的作用,这种性质在心灵中造成印象;其二是一个民族的主观作用;其三是语言自身特性的作用"。这就是说,语言之所以能够表达意义,因为语言与我们与物质实体(我们自己和我们的生存环境)在三个方面相关、互补,却实质不同。

首先,语言是物质世界的一部分,语言是人类进化和劳动实践的成果,从语言的内部结构系统和人产生语言的心理过程来看,语言的理解和使用是在人的生理(包括神经)机制和物质时空下发生的,语言的形式和内容都具有物质属性,词语文化意义的产生也要受语言符号系统本身规则的制约和人类认识规律的制约,因此我们认为词语文化语义是主客观互动的产物。其次,语言是关于物质世界的理论,语言既能构建我们的概念基础,又建立交互作用基础,在客观世界与主观世界之间搭建了语言这一认知中介平台,语言成了人和客观世界互动的媒介和通道,人类的一般认知能力是在与环境的相互作用中经过同化和顺应的作用不断地积极建构而形成的,语言意义的产生和阐释不能脱离人们的身体特征和生理机制、神经系统。最后,语言是物质世界的隐喻,也是人类思维外化的结果,作为认识主体的人在对外部客观世界进行认识和描述时,一方面要受客观世界存在本身的限制，另一方面要受人自身所属的民族文化的影响，语言在人的认识过程中必然"自动地"外化为人的实践工具，必然地成为人在现实之"真"的基础上实现思维创造和价值追求的工具。列宁指出："人的意识不仅反映客观世界，而且创造客观世界。"因此，我们必须正确地对待客观世界、认知媒介和人的主观世界三者之间的辩证关系，提出了语言—文化互动认识论。

所谓"语言—文化互动认识论"，就是强调语言和文化之间的辩证能动关系，从文化的角度观照语言，语言是一种社会文化现象，语言是文化的载体和编码符号系统，文化则是语言的深层构建机制和模塑工具，一个民族的文化精神制约着一个民族语言的形成和发展轨迹，所以研究一种语言必须首先了解这种语言背后所蕴藏的民族文化——尤其是这种文化中所包含的哲学精神。只有充分了解一个民族的文化精神和其中的哲学思想，我们才能以科学的态度对待一个民族的语言，才能拥有科学的语言观和研究方法论，我们才能对语言的本质属性拥有全面而深刻的理解。另一方面，从语言的角度观照文化，语言又是构成文化大系统中比较有影响的基础子系统，而且是文化大系统中其他构成要素赖以存在的基础，语言是反映民族文化的一面镜子，一个民族语言的形式组织规律和语义特征也反映了一个民族的文化精神，在语言符号系统的编码方式中蕴藏着一个民族的文化精神和认知方式，语言的人文属性就是一个民族的认知属性。同时，作为民族文化的表现形式和有效载体，语言是我们感知、理解、认识世界的最佳途径和媒介，一个民族语言的人文属性和精神反过来会对使用该语言的母语使用者有促进和模塑作用。语言能力是人类认知能力的一部分，作为人类的交际工具和认知工具，语言对人类社会的发展和文化的进步起着举足轻重的作用。语言的组织机制和语义特征影响制约着语言使用者的感知、感情、思维意识、甚至无意识的基本格局，语言是人们维系人际社会关系、人与自然关系的纽带，同时还决定了人的文化心态。

此外，洪堡特还认为，"比较语言研究就有四个对象：语言；人类借助语言才能达到的种种目的；处于连续发展过程中的人类；各个具体的民族。以上四个对象，比较语言研究必须将它们置于相互关系之中加以考察"。根据洪堡特的对比语言学思想，我们认为语言是一种世界观，语言是人类理性的本能，在任何一种语言的语法组织机制和语义结构中都隐藏着人类共同的理性本能和不同的民族文化个性，思维的共同性引导不同的民族进行互相交际，而文化的差异阻碍他们互相顺利地理解。因此，中西对比研究必须把语言符号系统本身、语言符号的语用认知功能、人类共同的理性和思维能力、不同民族文化的个性这四者结合起来研究，寻找它们之间的辩证关系，只有这样，我们才能真正地了解语言的本质属性和运作规律。

首先，根据洪堡特的对比语言学思想，关于语言符号系统本身的研究，我们认为语言是一个具有多维属性的复合体。布朗（Brown）总结归纳了语言多维属性的八个特征：语言具有系统性和生成性；语言是一套约定俗成的符号系统；这套符号系统主要是通过口头言语来表现的，有时也通过书面文字来表现；语言符号所指称的意义也是通过约定俗成而形成的;语言的功能就是用于人类的交际;所有的言语交际行为都是在一定的社团进行,语言不能脱离社会或文化而存在;虽然其他动物也可能学会一些语言,但语言是人类特有的现象;语言和语言学习具有普适的共性,所有的人都可以用同样的方式学会一种语言。我们坚持语言认知观,认为语义是主观和客观互动的产物,社会文化因素是语言研究的前提和基础,更是语言过程的操作平台,在人类的语言行为中蕴藏着人类自身最重大的奥秘,语言的人文属性就是语言使用者的民族文化精神的反映,认知语言观认为一个民族的语言在整体上映射着本民族的世界观和思维方式。在探索语言的本质属性的认识过程中,我们坚持语言研究应该遵循"整体、动态、平衡"三个原则。

其次,关于语言符号系统功用的研究,我们提倡语言多层级的语言符号系统观,主张从语言符号的内部结构和外部结构来研究词语的文化语义,因为语言是人类文化的编码符号和思维的外化结果,没有语言人类就无法将外在的客观现实内化为心理现实并作为思考的对象来观照,而且没有语言媒介,人大脑中的思维过程和思想内容就无法清晰地表达出来并被人所感知,所以语言就是思想的表达过程和理解过程,人们的表达行为和理解行为本身就是语言。

最后,关于人类语言共性的研究,我们提出了语言文化互动认识论。我们认为语言深深根植于文化之中,隐藏在语言内在深处的是民族的精神特性,它不仅决定着语言的外在结构,而且是语言的生命之所在。语言的特性是民族文化精神特性对语言不断施予影响的自然结果。我们可以从一种语言的形态结构和组织机制推知使用该语言民族的文化特性,换言之,由民族的文化精神特性所决定的语言结构,其本身就蕴含着民族精神的品格。语言是文化思维的载体,哲学观念(尤其是一个民族的哲学元典精神)是一个民族文化精神的内核,中西方不同的哲学思想精神孕育了中西方民族不同的哲学观,中西方民族不同的哲学观又塑造了不同民族的文化精神,这些文化精神塑造了不同民族的语言特点和动力机制,因而一个民族的语言特点就是一个民族文化精神的反映,语言、思维、哲学三者相互影响,它们是外语学习中三个有机环节,缺一不可。

展望21世纪我国外语界语义学研究,我们认为有以下几个方面的工作要做:

(1)加强学术交流。一方面要加强与海外语义学者的交流,吸收国外最新语言学理论,来构建我们的理论框架;另一方面是加强国内外语界和汉语界语义学学者之间的交流。语言和文化不可分割,随着国际间文化交流的不断扩大,人类各种文化差距的逐渐缩小,语言作为文化的重要载体也受到同样的影响,注重文化知识的学习,不仅能将新鲜元素注入本国文化,也能促进本国文化的对外传播,实现跨文化交流的目的,加速"文化全球化"的进程。除了学习语言基本能力外,还要学习双方的文化,因为词语只有在一定的文化语境中才富有意义。

(2)了解中西方文化差异,强化双方优势互补。任何一种文化都有自身的特点,了解彼此差异,有助于取长补短,相互接近。而这种彼此影响,互相渗透,会随着东西方文化交流的增多而增强。当前我国的现代汉语几乎完全不同于以文言文为文体的古汉语。现代汉语语法奠基于《马氏文通》,而《马氏文通》基本上是照搬英语语法。同样,西方学者也意识到自己的不足和缺陷。现代英语的简化趋势体现在生活和学习的各方面。越是被大多数人使用的语言,就越有简单化的趋势,这种简化是众人自发的,推动着语言的进化和发展,因此一种语言的简化程度和它的使用人数成正比。英语的简化主要体现在词汇的简化和表达方式的简化两个方面。美国人尤其崇尚简约,美语中常用"wanna、gonna"等代替"want to、be going to"的意思。美语中有40%的读音使用了"schwa"(弱读音)。一句英语问候语"How are you"也会被读成"Ha are ya"。

(3)培训语义学课程师资。

(4)分专题结合汉语语例进行研究。这是最应该加强,同时也将是最能取得成果的领域。这是我们中西对比文化语义学今后努力的方向。加强对语言文化差异的学习和教育,是缩小文化差距的必由之路。

参考文献

[1] 陈文伯. 译艺 [M]. 北京：世界知识出版社，2004.
[2] 闫文培. 全球化语境下的中西文化及语言对比 [M]. 北京：科学出版社，2007.
[3] 方梦之. 译学辞典 [M]. 上海：上海外语教育出版社，2004.
[4] 武锐. 翻译理论探索 [M]. 南京：东南大学出版社，2010.
[5] 蒋坚松. 英汉对比与汉译英研究 [M]. 长沙：湖南人民出版社，2002.
[6] 钟书能. 英汉翻译技巧 [M]. 北京：对外经济贸易大学出版社，2010.
[7] 廖七一. 当代西方翻译理论探索 [M]. 南京：译林出版社，2000.
[8] 王恩科，李昕，奉霞. 文化视角与翻译实践 [M]. 北京：国防工业出版社，2007.
[9] 吕俊，侯向群. 翻译学：一个建构主义的视角 [M]. 上海：上海外语教育出版社，2006.
[10] 白靖宇. 文化与翻译（修订版）[M]. 北京：中国社会科学出版社，2010.
[11] 马红军. 翻译批评散论 [M]. 北京：中国对外翻译出版有限公司，2000.
[12] 毛荣贵. 新世纪大学汉英翻译教程 [M]. 上海：上海交通大学出版社，2002.
[13] 宿荣江. 文化与翻译 [M]. 北京：中国社会出版社，2009.
[14] 梅德明. 高级口译教程 [M]. 2版. 上海：上海外语教育出版社，2000.
[15] 魏海波. 实用英语翻译 [M]. 武汉：武汉理工大学出版社，2009.
[16] 孙艺风. 视角、阐释、文化：文学翻译与翻译理论 [M]. 北京：清华大学出版社，2004.
[17] 谢天振. 翻译研究新视野 [M]. 青岛：青岛出版社，2003.
[18] 张维友. 英汉语词汇对比研究 [M]. 上海：上海外语教育出版社，2010.
[19] 周志培. 汉英对比与翻译中的转换 [M]. 上海：华东理工大学出版社，2003.
[20] 张春柏. 英汉汉英翻译教程 [M]. 北京：高等教育出版社，2003.
[21] 张全. 全球化语境下的跨文化翻译研究 [M]. 昆明：云南大学出版社，2010.
[22] 黄勇. 英汉语言文化比较 [M]. 西安：西北工业大学出版社，2007.
[23] 王春梅. 简明英汉翻译实用教程 [M]. 郑州：黄河水利出版社，2008.
[24] 江峰，丁丽军. 实用英语翻译 [M]. 北京：电子工业出版社，2005.
[25] 黄成洲，刘丽芸. 英汉翻译技巧：译者的金刚钻 [M]. 西安：西北工业大学出版社，2008.

[26] 郝丽萍，李红丽，白树勤．实用英汉翻译理论与实践 [M]．北京：机械工业出版社，2006．

[27] 王武兴．英汉语言对比与翻译 [M]．北京：北京大学出版社，2004．

[28] 杨丰宁．英汉语言比较与翻译 [M]．天津：天津大学出版社，2006．

[29] 何远秀．中西常用修辞格对比研究 [M]．成都：西南交通大学出版社，2011．

[30] 吕煦．实用英语修辞 [M]．北京：清华大学出版社，2004．

[31] 卢红梅．华夏文化与汉英翻译 [M]．武汉：武汉大学出版社，2006．

[32] 汪德华．中国与英美国家习俗文化比较 [M]．杭州：浙江大学出版社，2011．

[33] 殷莉，韩晓玲．英汉习语与民俗文化 [M]．北京：北京大学出版社，2007．

[34] 闫传海，张梅娟．英汉词汇文化对比研究 [M]．西安：西安交通大学出版社，2008．

[35] 包惠南，包昂．中国文化与汉英翻译 [M]．北京：外文出版社，2004．

[36] 平洪，张国扬．英语习语与英美文化 [M]．北京：外语教学与研究出版社，2000．

[37] 成昭伟，周丽红．英语语言文化导论 [M]．北京：国防工业出版社，2011．

[38] 许钧．"创造性叛逆"和翻译主体性的确立 [J]．中国翻译，2003（1）：6．

[39] 王东风．一只看不见的手——论意识形态对翻译实践的操纵 [J]．中国翻译，2003（5）：8．

[40] 梁志坚．意识形态对安徒生童话译介的操纵——以《卖火柴的女孩》中文译本为例 [J]．中国翻译，2006（1）：27-31．

[41] 许钧．翻译价值简论 [J]．外语与外语教学，2004(1)：35-39．

[42] 陈冬花．论中西方文化差异对翻译的影响 [J]．河南大学学报 (社会科学版)，2005(4)：101-102．

[43] 张捷．试论汉英文化差异对翻译的影响 [J]．吉林师范大学学报 (人文社会科学版)，2011(3)：54-56．

[44] 魏家海．论翻译中的文化误读 [J]．同济大学学报 (社会科学版)，2001(6)：96-102．

[45] 吴军超．文化误读与翻译 [J]．中州大学学报，2006（4）：61-63．

[46] 姜丹丹，翟慧姣．英汉姓名文化差异及其翻译 [J]．改革与开放，2011（8）：195．

[47] 何风玲．中西方酒文化比较 [J]．科教文汇，2014(1)：167-168．

[48] 曲晓慧．酒文化之中西对比 [J]．山西广播电视大学学报，2010（2）：103-104．

[49] 庄群．浅析中西服饰文化差异 [J]．今日财富，2011（12）：296．

[50] 杨竹．英汉数字词文化内涵异同及翻译 [J]．毕节学院学报，2011（6）：79-82．

[51] 李海琴. 英汉植物词文化内涵的对比研究 [J]. 科教文汇, 2013 (6): 130.

[52] 李英. 英汉植物词汇文化意义对比 [J]. 延安职业技术学院学报, 2009 (3): 67-69.

[53] 李彩青. 中西方服饰文化差异 [J]. 山西科技, 2007 (6): 20-21.

[54] 杨震寰. 英语文化植物词汇的特点及其翻译策略 [J]. 时代文学, 2012 (4): 204-206.